VOYAGE EN NORVÈGE, EN SUÈDE ET EN DANEMARK

(SIMPLE RELATION ADRESSÉE A UN AMI)

PAR

M. DE TREVERRET

BORDEAUX
IMPRIMERIE G. GOUNOUILHOU
11 — RUE GUIRAUDE — 11
1893

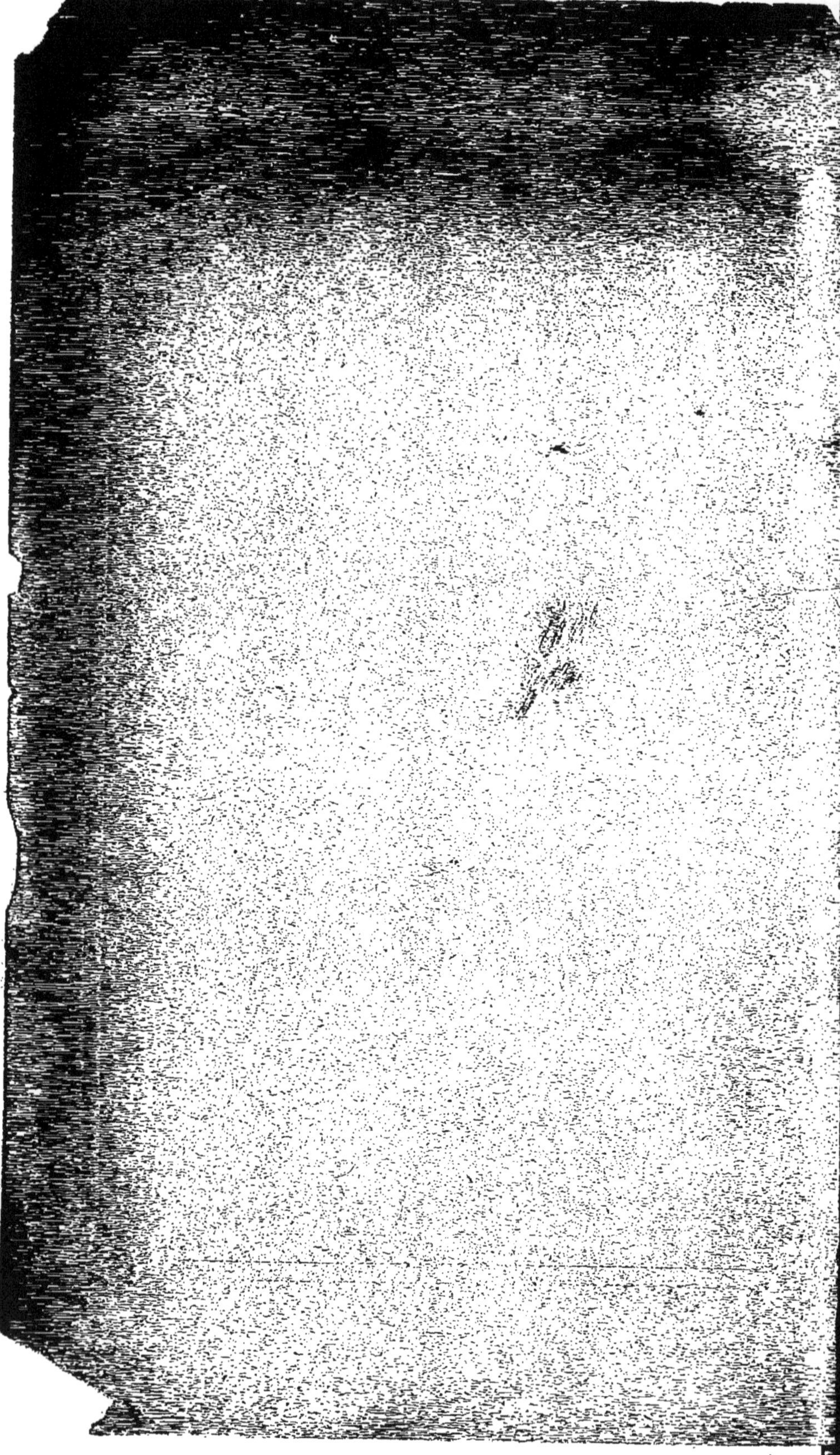

VOYAGE

EN NORVÈGE, EN SUÈDE

ET

EN DANEMARK

(SIMPLE RELATION ADRESSÉE A UN AMI)

PAR

M. DE TRÉVERRET

BORDEAUX
IMPRIMERIE G. GOUNOUILHOU
11 — RUE GUIRAUDE — 11

1893

VOYAGE EN NORVÈGE, EN SUÈDE ET EN DANEMARK

(SIMPLE RELATION ADRESSÉE A UN AMI)

Paris, ce 1er octobre 1892.

C'est fait, mon cher ami, et je m'en félicite; j'ai accompli le projet dont je vous avais parlé : en cinq semaines et à peu de frais j'ai visité la Norvège, la Suède, le Danemark et trois des plus grandes villes d'Allemagne, en me joignant à une caravane organisée par la Société des Voyages économiques. Que ne m'avez-vous pas dit pour m'en détourner! « Peut-on s'enchaîner ainsi? » me demandiez-vous; « se faire le compagnon de personnes » qu'on ne connaît point; s'obliger à suivre un programme » où toutes les journées sont remplies, où l'emploi en est » tracé d'avance et irrévocablement! S'il vous plaît de » rester longtemps dans une ville intéressante ou en face » d'un site qui vous captive, vous n'en avez point le droit; » il faut partir au jour et au moment indiqués; pas une » heure de plus, pas une minute! Vous ne pouvez point » revenir sur vos pas, revoir une belle campagne, un » monument, une œuvre d'art; le premier coup d'œil que » vous jetez autour de vous est toujours le dernier; vous » passez sans cesse d'une chose à une autre, et vous

» n'avez pas même le temps de vous reposer. Malade ou » fatigué, la même voix vous crie : Marche! Si vous ne » voulez pas aller ce matin où vont les autres, tant pis » pour vous! vous ne verrez jamais ce qu'ils auront vu; » car on ne vous attendra nulle part et l'on ne vous » donnera pas le moindre loisir pour regagner les occasions » perdues. Quand vos compagnons, sur un point quel» conque, auront épuisé le programme, on les rembarquera, » et vous avec eux; celui qui refusera de se rembarquer » rompra son engagement avec la Compagnie; elle ne lui » devra plus rien, parce qu'il se sera arrêté où il aura » voulu.

» Un pareil régime, ajoutiez-vous, convient à votre » caractère moins qu'à tout autre. La liberté vous plaît, » surtout en voyage; et voilà que vous vous faites conduire, » et conduire en troupe! Vous serez esclave de vos com» pagnons et de votre guide; vous souffrirez beaucoup et » vous rentrerez bien mécontent. »

A ces observations, mon cher ami, j'avais une réponse toujours prête. Je vous disais : La Norvège, la Suède et le Danemark sont des pays dont j'ignore la langue et où je ne veux faire aucune étude sérieuse. Rien ne m'y attire que la mer, les montagnes, les beaux paysages, dont j'ai entendu si souvent parler; mon intention est d'y consacrer peu de jours et peu d'argent, mais de les voir une fois dans ma vie sans aucun souci matériel, sans avoir à chercher ma route, ou à discuter mes intérêts, sans autre peine enfin que d'ouvrir les yeux et de regarder. La fatigue et la maladie peuvent m'atteindre; mais c'est en voyage que je les redoute le moins; jamais je ne suis plus dispos et mieux portant que lorsque je vais en quête de spectacles nouveaux.

Pour ces diverses raisons, j'ai persisté; je me suis fait

conduire par une Société qui connaît les plus beaux endroits et les meilleures routes; je n'ai été ni bien fatigué ni malade; je n'ai souffert ni de la nourriture ni des logements; je n'ai eu ni dispute ni incertitude; ma joie de voir est restée pure, entière, sans mélange de difficultés ou d'embarras, et ce que j'ai vu a été presque toujours curieux, souvent magnifique. Que de fois j'ai regretté votre absence! Comme je vous plains de n'avoir pas partagé mes impressions, et d'être réduit à les deviner en lisant ce récit que je vous adresse, et que vous avez eu la malice de me demander au cas où j'en ferais à ma tête et ne me laisserais pas arrêter par vos prédictions!

I

DE PARIS A CHRISTIANIA

Nous sommes partis, vous le savez, le 7 août dernier, par le train express de neuf heures vingt-cinq.

C'était le soir d'une journée assez chaude; dès huit heures et demie, nous étions à la gare du Nord, moins nombreux que je ne le pensais : neuf personnes seulement, en comptant le sympathique chef de la caravane. Une dame d'un certain âge et sa demoiselle de compagnie; un riche industriel et sa fille; un musicien (violoniste et compositeur) et un professeur de Faculté, que vous connaissez bien, se promenaient sur le quai de la gare, étrangers jusqu'ici les uns aux autres, mais se ralliant tous autour du chef et apprenant de lui qu'ils étaient engagés dans la même excursion. Deux autres voyageurs, un avocat, résidant en province, et un secrétaire de l'un des grands corps de l'État, se retrouvèrent inopinément et se reconnurent. Ils s'étaient vus l'année précédente au Canada, et tous les deux sont des touristes émérites en qui l'expérience égale la passion.

Je m'aperçus bien vite que mes sept compagnons et notre chef, malgré les différences de goûts et d'habitudes, ou peut-être en raison de ces différences mêmes, ne me laisseraient pas un instant m'ennuyer; les observer ou causer avec eux me parut être, et fut en effet, pendant tout le voyage, une occupation très agréable qui ne cessa d'augmenter pour eux ma sympathie.

Bientôt notre petite troupe fut placée; le train siffla et partit; chacun réussit plus ou moins à dormir sur les banquettes des wagons, et le lendemain, 8 août, à sept heures dix-sept minutes du matin, nous descendions et prenions le thé à Cologne.

La magnifique cathédrale, voisine de la gare et de tous les grands hôtels de cette ville, nous frappa vivement, et nous en mesurâmes du regard les tours gigantesques. Mais le trésor n'était pas encore ouvert, et les bedeaux s'opposaient, par ordre supérieur, à toute promenade des curieux dans l'église pendant les offices; nous nous dirigeâmes donc vers le Rhin, où un bateau à vapeur nous reçut et nous transporta au jardin Flora. Parterres de fleurs, serres, ombrages et fontaines nous firent grand plaisir. Le public, à cette heure matinale, manquait complètement; mais nous n'en goûtions que mieux la fraîcheur des eaux et des plantes, vraiment délicieuse à nos sens après une nuit passée en wagon. Au bout d'une heure, nous revenions vers Cologne. Le grand fleuve vert écumait sous les aubes de notre bateau, la ville se déployait devant nous, gothique par ses églises, ses tours, ses vieux remparts, moderne par les réseaux de chemins de fer qui s'y rejoignent et par les innombrables usines qui de leur fumée obscurcissent un peu l'atmosphère, sans toutefois éclipser le soleil, comme trop souvent à Londres ou à Glasgow. Le vieux pont de bateaux se montrait à nous d'assez loin; le pont moderne en fer, majestueux et non sans élégance, s'élevait au-dessus de nos têtes avec ses portes crénelées et les deux statues équestres qui les décorent : sur la rive gauche, Frédéric-Guillaume IV, tourné vers la France, où il entra l'épée à la main en 1814; sur la droite, Guillaume Ier regardant l'Allemagne réunie tout entière sous son sceptre prussien.

Attristés par la vue de ces deux images ennemies, nous rentrons en ville, admirons la jolie façade Renaissance du *Rathhaus*, et venons enfin visiter la cathédrale. Si ses deux tours, s'élevant à cent cinquante-six mètres, sont les plus hautes dont aucune église puisse se vanter, elles nous paraissent cependant trop près l'une de l'autre; nous voudrions plus d'air et de lumière entre ces deux masses, immédiatement au-dessus de la façade. L'intérieur du grand édifice est superbe, les voûtes hardies, les faisceaux de piliers sveltes et imposants; toutes les parties de ce vaste ensemble sont bien proportionnées. On approuve le XIXe siècle d'avoir achevé ici l'œuvre du moyen âge; mais on regrette parfois qu'il ait eu à s'en charger, car les vitraux modernes ne valent pas les plus anciens, que les bas-côtés du nord ont conservés. La châsse des rois mages, éclatante d'or et de pierreries, offre, comme toute l'église, des portions anciennes et d'autres plus récentes. Quant au Dombild, ou tableau de la cathédrale, représentant l'*Adoration des Mages, sainte Ursule et les onze mille Vierges, saint Géréon et ses compagnons*, c'est une peinture ravissante d'éclat, de fraîcheur et respirant une pieuse naïveté qui ne se retrouve plus après le XVe siècle.

Nous sortons de la cathédrale, pleins d'admiration pour

les hommes qui en tracèrent le plan dès 1240, et d'estime pour ceux qui ont suivi et presque accompli leur pensée. Cologne eût pu nous retenir tout un jour, mais le temps pressait; comme d'autres villes allemandes situées sur notre route, elle ne devait être qu'un épisode secondaire du voyage en Suède et en Norvège.

Nous la quittâmes donc le 8 août, à une heure et demie du soir. Traversant les plaines de Dusseldorf et d'Essen, où tant de forges et de fonderies fument durant le jour et flamboient quand vient la nuit; passant ensuite à Munster, à Osnabruck, villes paisibles, entourées de collines et de vallons, nous arrivâmes vers neuf heures et demie à Hambourg.

La nuit était belle; à travers quelques nuages légers et transparents, la lune tout à fait pleine et brillant d'un vif éclat faisait surgir à nos yeux, en masses un peu vagues, des constructions énormes : maisons, magasins maritimes, clochers aigus. A mesure que nos voitures découvertes nous rapprochaient du centre de la ville, les lumières artificielles attiraient nos regards, les charmaient, les éblouissaient. Aux becs de gaz succédaient les lampes électriques, pendant que nous traversions des canaux, étincelants sous les grands ponts, obscurs et mystérieux dans les rues étroites. Bientôt tout resplendit, les trottoirs, les chaussées, les eaux; les canaux s'étendent en un lac sillonné de bateaux lumineux, bordé d'embarcadères et longé par une avenue que des arbres touffus ombragent, et où les maisons, très élevées, rayonnent. La foule se promène, les bateaux viennent toucher la rive ou s'en éloignent, nous sommes sur l'Alsterdamm, puis sur le Jungfernstieg; nous passons près de longues et élégantes arcades dont les fanaux et les éclatantes terrasses se reflètent dans un bassin; nous descendons enfin à l'hôtel Saint-Pétersbourg. Là, sans que nous ayons eu à nous occuper de rien, nos chambres sont retenues d'avance; chacun, sur un grand tableau noir, trouve son nom inscrit en face d'un numéro que le chef de la caravane proclame à haute voix. En cinq minutes, voyageurs et bagages sont casés, et au bout d'un quart d'heure, un bon souper nous rassemble. Trois d'entre nous, plus touristes dans l'âme, vont ensuite faire une petite promenade sur les quais et se remplir les yeux de tous ces rayons, de tous ces reflets, qui laissent encore tant de choses à deviner. Nous rentrons vers onze heures et nous nous endormons, bien assurés que Hambourg est une belle grande ville et qu'elle nous réserve en abondance des sujets d'admiration et des surprises.

Le lendemain 9 août, elle tient ses promesses. Sous une petite pluie intermittente, qui nous gêne peu, nous visitons l'église Saint-Nicolas, construite en style gothique du XIIIe siècle par l'anglais Gilbert Scott, après 1842. C'est une œuvre d'imitation, sans doute, mais très pure et très imposante; le clocher, haut de cent quarante mètres, attire et retient l'attention. Les ornements, assez sobres, comme le veut le protestantisme, ont pourtant l'élégance qu'on s'attend à retrouver dans un monument de ce style.

En sortant de Saint-Nicolas, nous allons voir les quais, les docks, le port. Une interminable ligne d'entrepôts et de magasins, tous pareils et tous en briques rouges, charme peu le regard, mais donne l'idée d'un immense commerce, d'une incessante affluence de ballots. Les canaux, serpentant au travers de la ville, portent en mille endroits le miroitement des eaux et le mouvement de barques et de gabares très variées. Au-dessus de quelques-uns de ces canaux, sur deux longues lignes, sont rangées des maisons de bois à toitures élevées, prismatiques, contenant parfois deux étages de mansardes. Voilà le vieux Hambourg, survivant à l'incendie qui, en 1842, consterna l'Allemagne et l'Europe. Aux fenêtres de ces rues étranges des linges sèchent, ou des balcons de bois et de fer font saillie, tout chargés de meubles, d'outils et d'ustensiles. Bien des misérables y habitent, bien des travailleurs aussi; et en cherchant à plonger le regard dans ces intérieurs très divers, on aperçoit souvent l'ordre et la propreté, à peine séparés par une mince cloison du chaos le plus fantastique et le plus sordide.

Par delà ce dédale de rues aquatiques, de péninsules et d'îles affectant toutes les formes, nous arrivons enfin au grand fleuve de l'Elbe, dont le bras septentrional est traversé par un pont très singulier. A chaque extrémité s'ouvrent deux arcades portant une façade de château gothique en briques rouges, et le tablier du pont est suspendu, par des chaînes de fer très nombreuses, à deux charpentes de fer croisées en ellipse et figurant un 8 horizontal. Sur l'Elbe septentrional est établi le port, tout rempli de navires qui ne permettent de voir ni la rive opposée, ni le second bras du même fleuve. Après Londres et Liverpool, il n'est en Europe aucune place de commerce plus importante que Hambourg, et aucune rade où se pressent plus de vaisseaux marchands.

Du port nous nous rendîmes au Musée des beaux-arts (Kunsthalle) : d'agréables surprises nous y attendaient. Les maîtres modernes y abondent, le génevois Calame a fourni à cette collection un beau paysage, représentant les *Chutes de la Handeck;* l'autrichien Mackart y amuse les yeux et, suivant l'expression de Boileau, y chatouille les sens, en déployant sur une toile très décorative le cortège voluptueux, opulent, désordonné, de *Charles-Quint entrant dans la ville d'Anvers*; Paul Delaroche, avec une sévérité tragique, nous montre *Cromwell, seul au palais de Whitehall, ouvrant le cercueil de Charles Ier*.

Mais la partie la plus intéressante pour nous, c'est une réunion de médailles françaises, gravées par des artistes contemporains. M. Roty, parmi eux, tient le premier rang; quelle vigueur de burin et quelle précision dans ses portraits! quelle grâce vivante, et pourtant idéale, dans ses personnifications allégoriques! Le directeur du Musée de Hambourg, nous accueillant avec une parfaite courtoisie, nous signala les plus fins joyaux de son trésor et nous raconta en bon français la peine qu'il avait prise et qu'il comptait prendre encore pour en augmenter la richesse. Nous sortîmes très heureux d'avoir vu l'art français si justement apprécié hors de chez nous et d'en avoir contemplé quelques chefs-d'œuvre qu'en France nous avions trop peu remarqués. Pour moi, je l'avouerai très humblement, cette visite du 9 août au cabinet des médailles du Kunsthalle fut une véritable révélation.

Nous consacrâmes notre après-midi à une longue promenade où nos esprits se reposèrent délicieusement, tandis que nos regards erraient sur de ravissants paysages créés et composés, depuis plusieurs générations, par l'industrie des ingénieurs et des architectes hambourgeois. Ce qu'ils ont su faire de l'Alster est admirable. Ce petit fleuve, qui se répandait jadis au hasard dans des terrains plats, a été contraint de former deux grands lacs, dont le premier s'appelle Binnen-Alster (Alster intérieur), et le second, plus large, plus libre, si je puis dire, a reçu le nom d'Aussen-Alster (Alster extérieur). Un bateau à vapeur, stationné devant notre hôtel, nous transporta rapidement au Lombards-Brücke.

Rien de plus charmant que ce pont jeté entre les deux lacs, et d'où l'on voit, au sud et à l'est, une ville immense, étendant ses quais, ses avenues et ses maisons modernes à trois ou quatre étages, au-dessus desquelles s'élancent trois fois plus haut les flèches de quatre clochers; au nord, deux longues séries de villas, de jardins, de rues plantées d'arbres, formant ensemble un parc sans limites visibles dont l'Aussen-Alster est la pièce d'eau. Notre navigation, poursuivie jusqu'à Uhlenhorst, où mouille toute une flottille de bateaux à vapeur et de barques à voiles, nous ramena, après plusieurs descentes et plusieurs excursions à pied, vers un beau jardin botanique. Nous le traversâmes, et quelques instants plus tard, nous parcourions une superbe ménagerie, très bien installée dans un second jardin.

Plusieurs tigres et un éléphant nous frappèrent par leurs dimensions, et nous approuvâmes l'idée qu'avait euc un peintre de venir s'asseoir devant un lion pour faire son portrait. Vers cinq heures nous rentrâmes en ville, et chacun de nous, en attendant le dîner, employa le temps comme il lui plut.

Je me procurai de la monnaie danoise, il serait plus juste de dire scandinave, car les pièces et le papier mis en circulation par chacun des trois royaumes ont cours également chez les trois peuples. J'achetai aussi quelques photographies, et je retournai en voiture aux bords de l'Elbe, qu'il me semblait n'avoir vus le matin qu'imparfaitement. Ma seconde impression fut peu différente de la première; à travers les magasins, les grues, les navires, je ne pus pas davantage apercevoir l'autre rive; aucune colline ne me parut s'élever près de la ville, et toute la beauté du paysage se concentra, pour moi, autour des canaux et de l'Alster.

Après le dîner, Hambourg étincela comme la veille; les magnifiques lumières, reflétées dans les eaux, s'étaient ranimées sur le Jungfernstieg, et aux portes des hôtels, les Vierländerinnen, paysannes en costume voyant, en chapeau de paille, en jupe courte et en bas rouges, offraient des bouquets aux voyageurs et aux passants; mais je ne jetai qu'un rapide coup d'œil sur toute cette féerie hambourgeoise, et je me hâtai de réparer mes forces pour le long voyage du lendemain.

Le 10 août, en effet, nous nous levâmes d'assez bonne heure, et dès huit heures vingt minutes, nous prenions le train qui devait nous amener en Danemark; notre excursion aux pays scandinaves allait commencer.

Pour cette première journée, on nous faisait craindre deux ennemis : la faim, car nous ne devions trouver de buffet que très tard; et l'ennui, car nous avions des campagnes monotones à traverser. Contre la faim, nous fûmes aisément garantis; chacun de nous emporta dans un paquet un excellent déjeuner de viandes froides, de fruits et de gâteaux, qui, vers dix heures et demie, fut dévoré avec le plus franc appétit. Contre l'ennui, nous pouvions nous défendre par la lecture, la conversation et le sommeil; on usa de tous ces moyens et l'ennui ne vint pas.

Tandis que nous passions, un peu trop lentement, dans les plaines fertiles, mais peu accidentées du Holstein, je me laissai aller à faire la sieste; plus tard, au milieu des sables, des bruyères, des tourbes du Schleswig, je me mis à lire un roman de Bourget, en regardant de temps à autre si le paysage devenait plus gai. Il le devint à partir de Flensburg, et quand nous eûmes franchi à Vandrup la limite, aujourd'hui, hélas! si reculée, de l'empire allemand, quand nous fûmes entrés sur ce territoire jutlandais, qui appartient encore au Danemark, il valut la peine de fermer les livres et de promener sa vue autour de soi. Nous n'étions pas encore, il est vrai, dans une belle contrée, mais nous sentions l'approche de spectacles intéressants; le pays nous souriait avant de nous ravir. Sur les collines gazonnées, très vertes, quoique sans arbres, bondissaient de grands chevaux bien nourris par ces bonnes herbes, et les pentes douces descendaient vers des nappes d'eau formées par l'invasion de la mer. Tantôt celle-ci s'avançait au-devant des petits fleuves; tantôt, sans être appelée, elle rongeait la côte et y creusait un golfe, très large d'abord, bientôt rétréci, et se prolongeant à une grande distance. Point d'îles pittoresques cependant, point de belles découpures, mais des miroirs azurés ou couleur d'ardoise, où le ciel, en ce moment assez pur, se reflétait. Le port de Frédéricia et celui d'Aarhuus animèrent cette côte à nos yeux, mais nous ne les vîmes que pendant quelques minutes, et le train, poursuivant sa course jusque dans la nuit, tardive en ces climats et en cette saison, nous déposa vers dix heures quarante-cinq minutes à Aalborg.

Un peu de fatigue et beaucoup d'appétit nous avaient fait souhaiter d'atteindre cette étape. Tous nos désirs, à ce double point de vue, y furent admirablement satisfaits.

Le père Brummé, vieux Français presque octogénaire, habitant le Danemark depuis cinquante ans, y tenait (et j'espère bien qu'il y tient encore) l'hôtel du Phénix. Il nous reçut avec joie et nous fit servir un souper excellent, chaud et froid, très varié, où la cuisine française et la cuisine danoise rapprochaient leurs usages et leurs procédés sans les confondre.

Nous avons eu dans notre voyage bien d'autres bons repas, mais celui-là fut sans contredit le meilleur; il est resté dans notre souvenir comme un type jamais surpassé, et chaque fois que nous avons été très contents d'une table d'hôte, nous lui avons fait l'honneur de dire qu'elle nous rappelait un peu celle du père Brummé.

Après ce souper incomparable, des lits excellents nous enlevèrent en quelques heures tout soupçon de fatigue, et le lendemain matin, 11 août, avant le déjeuner, nous acceptâmes avec empressement l'offre de visiter la petite ville d'Aalborg. Son jardin public, ses rues calmes et propres, nous donnèrent une sensation de bien-être reposé qui contrastait agréablement avec les splendeurs bruyantes de Hambourg.

Traversée par cinq rivières et modestement enrichie par la navigation et par les pâturages voisins, Aalborg joint aux charmes de sa situation quelques souvenirs de ses relations anciennes avec la Hollande et l'Allemagne : des maisons Renaissance, datant des premières années du XVIIe siècle, et surtout celle qui fut la pharmacie du *Cygne*, et dont les trois étages et les pignons décorent tout un côté d'une assez grande place.

Du haut de la colline où le jardin public aboutit, la vue s'étend au loin sur des toits rouges, dont les tuiles abritent une population de dix-neuf mille âmes, sur les verdoyantes ondulations du sol et sur une large nappe d'eau où de petits navires voguent ou se reposent. Cette nappe est le Lim-Fjord, bras de mer qui, de l'est à l'ouest, traverse tout le Jutland septentrional; mais l'aspect qu'elle offre devant Aalborg n'est pas en raison de son étendue. Elle ressemble plutôt à un fleuve qu'à la mer, et ses rives ne sont ni hautes ni accidentées. Les grands et beaux fjords ne se trouvent point encore ici; c'est plus au nord et dans une autre contrée qu'ils nous attendent.....

Après un déjeuner digne du souper de la veille et où nous buvons avec gratitude à la France, au Danemark et au père Brummé, nous remontons en wagon à dix heures et demie, traversons un pont magnifique, dû à deux ingénieurs français et à un danois, et vers midi et demi arrivons à Frédérics-Haven. Une demi-heure après, nous voici embarqués et nous allons franchir le Cattégat. Ce détroit est renommé pour ses tempêtes fréquentes, et la veille au soir, et le matin même, le vent nous avait paru si frais que plusieurs d'entre nous, fort expérimentés, disaient : « Nous allons danser joliment sur mer. » Toutefois, au moment du départ, le vent diminua ou prit une direction favorable. Le paquebot roula, mais ne tangua point, et personne à bord ne fut malade ; on put jouir de la vue des vagues ardoisées, écumant sous la quille de notre navire, et une vingtaine d'autres bâtiments rencontrés ou aperçus dans cette traversée amusèrent nos regards et notre imagination.

Vers quatre heures et demie, une côte élevée, grisâtre, couverte tour à tour d'arbres et de bruyères, commença à nous apparaître ; bientôt elle se découpa, forma des îles, dont les unes semblaient désertes, les autres habitées. Les deux rivages principaux s'allongèrent, se peuplèrent de maisons de campagne et de villages ; la mer, de plus en plus resserrée, nous portait au-devant d'un fleuve ; bientôt elle nous quitta, et le fleuve resta seul. Continuant à glisser entre ses deux bords, qui à chaque pas s'animaient davantage, nous arrivâmes enfin à une grande ville, à des quais spacieux, où de paisibles géants nous attendaient pour nous regarder venir ou pour nous aider à débarquer. C'était Gothembourg, en suédois Göteborg.

A cinq heures et demie nous mîmes pied à terre ; un quart d'heure plus tard nous avions nos chambres au

Grand Hôtel Göta-Kellare, et à six heures le dîner fut prêt pour nous.

Il nous surprit un peu par sa composition et par la manière dont il fut servi : nous nous sentîmes transportés tout à coup en pleine vie suédoise. Au milieu de la salle s'élevait une table haute et ronde chargée de hors-d'œuvre : anchois, harengs, saumons fumés, jambons, saucissons, destinés à ouvrir l'appétit des convives et à être mangés avec de minces et dures gaufres de seigle qu'on appelle *smörrbrod*. Au-dessus de ces hors-d'œuvre brillait une urne argentée, à trois compartiments et trois robinets, fournissant du genièvre, du kummel et de l'eau-de-vie de grain. Après avoir goûté, debout, à ces apéritifs, nous allâmes nous asseoir à une table basse et carrée, et le dîner sérieux commença, plus analogue à un repas allemand qu'à un repas français, et offrant un mélange ou un rapprochement continuel entre le rôti et les pruneaux, la salade et les confitures. Heureusement nous avions presque tous, dans nos voyages, familiarisé notre palais avec ces contrastes, et la cuisine suédoise ne nous causa ni dégoût ni indisposition.

A l'issue du dîner, nous nous rendîmes ensemble au parc de la Société d'horticulture; là, le jour, encore clair à neuf heures du soir, nous permit d'admirer de belles serres et des parterres de fleurs merveilleusement dessinés et nuancés. Nous entendîmes ensuite dans une vaste salle des morceaux d'orchestre assez bien rendus, mais écoutés avec un calme inaltérable par des consommateurs et promeneurs des deux sexes, généralement blonds et très grands. De retour à l'hôtel, je me couchai vers dix heures et demie, me répétant que je venais visiter un peuple de haute taille, de bonne mine et d'humeur tranquille.

Le lendemain, 12 août, en ouvrant ma fenêtre, je vis un petit bossu pousser une petite charrette à bras, ce qui me prouva que, même dans le pays des plus beaux hommes, la difformité prélève sa dîme et marque de ses stigmates quelques créatures disgraciées. Ce jour-là, dès huit heures et demie, nous commençâmes à visiter la ville. Göteborg en vaut la peine; c'est une grande cité, régulière et monumentale. Ses édifices ne brillent pas, il est vrai, par l'originalité du style, mais ils ont tous une certaine valeur décorative. Les colonnes et les pilastres de l'Hôtel de Ville annoncent une importante capitale de province; la place où ils s'élèvent est large; des voies spacieuses et longues y aboutissent. La Bourse se présente à nos yeux avec un portique élégant et nous ouvre, dans son intérieur, des salons riches et bien ornés. Les rues principales s'étendent en ligne droite sur les deux bords d'un canal traversé par des ponts nombreux que garnissent des balustrades de fer croisées en losanges; les quais de granit promettent de durer longtemps, et de hautes bornes, reliées par des chaînes, assurent la sécurité des promeneurs.

Quelques grandes maisons récemment construites rappellent la Renaissance ou les châteaux Louis XIII.

La ville n'existait pas avant 1619; elle doit ses premiers canaux à des négociants hollandais; sa charte municipale à Gustave-Adolphe, dont la statue moderne, fièrement campée, se dresse sur la même place que la Mairie. Amsterdam et Versailles semblent combinés dans cet ensemble très symétrique, mais où l'eau pénètre fort avant, faisant jouer ses reflets au milieu des grandes lignes et flotter les mâts des navires devant les façades uniformes. C'est une belle perspective que celle du grand canal Sud avec son double quai, ses ponts et sa fontaine adossée à une touffe d'arbres majestueux.

On regrette seulement que ces grands espaces ne soient pas animés par une population plus nombreuse. Göteborg n'est pas désert, il s'en faut de beaucoup; mais pour ce qu'il contient d'habitants, il semble trop vaste.

Le quartier le plus vivant est voisin du port. Là, se vendent des poissons variés; là, nous vîmes s'étaler, au milieu du mois d'août, les fruits rouges que depuis trois ou quatre semaines la France n'avait plus : petites groseilles, groseilles à maquereau, cerises; pas de prunes, ni d'abricots, ni de pêches, ni de figues, très peu de poires et pas de pommes encore.

Circulant à pied dans les larges rues, nous arrivâmes au Musée, où quelques tableaux attirèrent vivement notre attention : des paysages norvégiens de Gude et de Möller, ce dernier nous donnant un avant-goût des fjords que nous devions bientôt visiter, et deux toiles de genre assez grandes, qui mériteraient une étude approfondie.

L'une est due à Nils Forsberg, et représente une *Famille de saltimbanques;* le père, habillé d'un maillot et tenant une cravache en main, fait exécuter à l'un de ses fils, encore enfant, des tours de force et de dislocation devant des directeurs de cirque. Rien n'égale l'expression farouche de cette figure à longues moustaches rousses pendantes. On voit que le malheureux homme veut absolument contraindre son fils à se torturer, s'il le faut, pour réussir, c'est-à-dire pour être engagé par les deux puissants visiteurs. Cet engagement serait, en effet, une bonne affaire : on y gagnerait une somme d'argent, sans doute, et l'on aurait un garçon de moins à nourrir dans l'âge où les garçons grandissent et mangent beaucoup. La mère, cachée dans un coin, souffre de ces tortures et déjà pleure de cette séparation. Quant aux deux étrangers, à face brune, en long habit de cheval et bottes à l'écuyère, ils sont assis et regardent l'épreuve d'un œil à la fois blasé et dur, en juges sévères et en spéculateurs intéressés.

L'autre toile, de dimension un peu plus grande encore, est l'œuvre de Gustave Caedeström; elle nous montre une *Jeune et pâle missionnaire de l'Armée du Salut* (Anglaise, ce me semble) *entrant dans un cabaret de la banlieue de Paris.* Les hommes du peuple présents l'accueillent de diverses manières; l'un, déjà aviné, continue à boire avec un rire bête; l'autre observe la prédicante d'un air gouailleur; un troisième l'écoute curieusement; personne ne l'insulte ni ne songe à la chasser.

Ces deux compositions, très habiles et pourtant très claires, où rien n'est ni recherché, ni négligé, ni banal, occupèrent délicieusement nos yeux et notre esprit. Il nous était doux de penser, d'ailleurs, que ces artistes suédois contemporains avaient été formés en France et s'en souvenaient. Après avoir jeté un coup d'œil rapide sur le musée d'histoire naturelle, qui renferme une foule d'animaux scandinaves, et en particulier une baleine et un élan, nous nous dirigeâmes vers les grandes avenues, où les riches armateurs de Göteborg ont leurs demeures. Ici, les façades sont plus variées qu'au bord du canal, et les plus belles se rapprochent du style de la Renaissance; tout ce quartier est à la fois élégant et solitaire.

L'après-midi, nous sortîmes de la ville et nous gagnâmes à pied, par des chemins charmants, le beau parc du château ou Slottskogsparken. Chênes et pins magnifiques, jolis jets d'eau, bassins, et peu de monde; il n'en fallait pas plus pour rendre agréable cette promenade champêtre; mais quand nous eûmes atteint le sommet d'une colline, surmontée d'un mât et appelée Utsigplats (point de vue), notre plaisir se changea en ravissement. A nos pieds s'étendait la ville avec son port, ses canaux, ses six faubourgs, tout un ensemble renfermant cent mille habitants; en face de nous le fleuve du Göta (Göta Elf), où flottent et stationnent les grands vaisseaux.

Tandis que les fumées d'usine s'élèvent des faubourgs, que près de nous se montrent des collines granitiques, les unes encore nues et sauvages, les autres à demi-chargées de maisons nouvelles, au loin les hauteurs que nous avons vues la veille nous présentent de nouveau leurs roches grises, leurs arbres verdoyants, leurs bruyères de pourpre. Voici la route sinueuse que nous avons suivie sur les eaux; voici les côtes festonnées, les îles, et le fleuve élargi formant le Hake-Fjord, et les villages, et les riches domaines, et la mer, le Cattégat qui, en quatre heures et demie, conduit au Jutland, et le Skager-Rack, baignant les côtes de Norvège et se confondant avec la mer du Nord. Au moment où ce spectacle se déploie devant nous, le ciel est bleu sur nos têtes, doré à l'horizon, et le soleil s'abaisse lentement; il a six heures encore, pour le moins, à nous éclairer.

Chacun de nous rentre dans Göteborg par le sentier, la rue ou le tramway qu'il préfère; pour ma part, une fois revenu à l'hôtel, je me laisse aller aux douceurs de la sieste, mais à mon réveil, qui ne tarde guère, j'examine des photographies de Göteborg et une bible suédoise que je viens d'acheter.

Certes je ne voyage pas dans ce pays pour m'instruire, mais l'habitude m'entraîne vers les recherches linguistiques; il m'est impossible de lire, ne fût-ce que sur les enseignes, tant de mots d'apparence allemande ou anglaise, sans me livrer à des comparaisons dont mes élèves profiteront bientôt peut-être. O chères études, comme vous me suivez partout, occupant les minutes où mes pieds se reposent, où rien d'intéressant ne s'offre à mes yeux, et où l'ennui, la mauvaise humeur pourraient m'assaillir! Comme vous me défendez bien contre ces deux ennemis! Le soir, après le dîner, nous retournons au concert, et à dix heures nous nous couchons, très contents de Göteborg.

Le lendemain 13 août, dès sept heures et demie du matin, nous remontions en chemin de fer le cours du Göta; les collines granitiques, de plus en plus boisées, charmaient nos regards, et nous nous sentions avec plaisir emporter, loin des villes, vers des sites plus sauvages. Nous n'étions pas encore pourtant dans la vraie montagne. A dix heures et demie, n'ayant parcouru depuis Göteborg qu'une distance de soixante-douze kilomètres, nous descendîmes au bourg de Trollhättan, qui compte quatre mille âmes; et à peine logés dans le principal hôtel, nous en ressortions aussitôt pour visiter les chutes d'eau voisines.

Là, le Göta forme des îles, et rencontrant des rochers sur son passage, les franchit avec fougue et se rue comme un torrent. De cet obstacle il s'en va tomber sur un autre, qui l'irrite de même et par-dessus lequel il saute non moins vivement. On compte sept bonds qu'il est ainsi obligé de faire et dont chacun a reçu un nom particulier. La hauteur totale est de trente-trois mètres, répartie, il est vrai, sur une longueur de quinze cents mètres; par conséquent, aucune de ces chutes n'est très élevée; mais quels élans! que d'écume! quel bruit! quels tourbillons! et quelles alternatives de blancheur neigeuse et de cristal vert!

Sur les îles qui divisent le cours du fleuve et qui fractionnent en certains endroits les chutes elles-mêmes, on a établi des maisons de bois : ateliers, fabriques, demeures d'ouvriers; le poids des eaux qui tombent est utilisé, et une force totale de deux cent vingt-cinq mille chevaux exécute des travaux divers. On l'emploie surtout à scier des troncs d'arbres ou à les convertir en papier. On nous fit passer dans une de ces usines, et là, nous pûmes voir la substance des arbres, écorce, fibres ligneuses et moelle, macérer tout entière dans des cuves pleines d'eau chaude et devenir une pâte jaunâtre, grumeuse, informe, puis s'allonger à travers certains tubes, se refroidir, s'amincir prodigieusement, et ressortir en feuilles qui sentent encore le bois, sur lesquelles on pourrait écrire, mais dont on se sert plus souvent pour emballer.

Après avoir ainsi écumé, rebondi et, sans le savoir, aidé l'industrie humaine, l'eau du Göta tourne en un large bassin circulaire formé par ses deux rives écartées, arrondies, puis relevées en collines de granit grisâtre et drapées d'arbres toujours verts.

Dans cette belle coupe toute naturelle, l'eau, encore très blanche et agitée, s'apaise peu à peu, redevient verte et recommence à refléter le ciel et les bois; quand elle sort de ce bassin qu'elle s'est formé elle-même et où rien ne la tient captive, ce n'est plus une cascade, ni même un torrent : c'est un fleuve qui poursuit son cours, qui grandira vite et qui, dix-huit lieues plus loin, portera sur ses vagues salées des flottes maritimes.

Mais les chutes que nous venons d'admirer, d'écouter mugir, de voir travailler, interrompraient forcément la navigation, si l'on n'y avait pourvu en creusant, à deux époques différentes, un canal formé par deux lignes d'écluses. Les plus anciennes sont les plus pittoresques; elles s'appuient au roc vif et sont encadrées dans d'énormes parois granitiques. Pendant deux heures environ nous suivîmes à pied le canal. Des bateaux à vapeur, remplissant tout l'intervalle d'une écluse à l'autre, montaient, soulevés par les eaux qu'on leur envoyait, et atteignaient assez rapidement la crête des collines. Près des écluses nouvelles, le canal s'élargit, et le petit port d'Akersberg, bordé de pelouses et d'arbres comme l'étang d'un parc, offre aux bateaux une riante station et aux promeneurs le repos sous l'ombrage. A l'endroit où le canal cesse d'être intéressant et où la route qui le côtoie s'allonge sans nul attrait pour la curiosité, deux voitures, commandées par le chef de la caravane, vinrent nous prendre et nous ramener à l'hôtel.

L'après-midi fut employée par chacun de nous au gré de son caprice. Les uns allèrent en landau explorer les villages voisins, d'autres parcoururent à pied les bois et les coteaux. Je fus de ces derniers, et choisissant pour compagnon le plus âgé de la troupe, je gagnai avec lui, au delà du grand pont royal, une roche très élevée d'où l'on entendait le bruit des chutes sans presque les voir; en même temps nos yeux se reposaient sur un océan de verdure et sur ce bassin naturel où venaient se calmer les eaux tourmentées.

Le lendemain matin 14 août, à dix heures dix minutes, nous prenions le train pour Christiania. La route offre d'abord un médiocre intérêt; cependant à Mellerud nous entrevoyons le lac Wenner, et au buffet d'Ed, vers une heure dix, le déjeuner nous amuse par la façon dont il faut nous en emparer. En Suède et en Norvège, aux buffets des chemins de fer, chacun doit se servir lui-même. En entrant on s'approche d'une table spacieuse, qui occupe le milieu, et où s'étalent des mets très variés, depuis le potage fumant jusqu'au fromage à la crème et aux framboises. On saisit une cuillère et une fourchette, une assiette et un couteau, et l'on attaque, ainsi armé, le plat qu'on préfère; puis on emporte sa proie à l'une des petites tables qui occupent tous les coins de la salle et qui sont entourées de chaises. Un instant après, on retourne puiser avec la cuillère ou piquer avec la fourchette.

Si vous ne trouvez pas de cuillère en entrant, les servantes vous en donneront une; ce sont elles aussi qui, sur votre demande, vous apporteront les bouteilles pleines et les verres. Elles changeront, si vous le désirez, votre couvert et votre assiette, mais vous irez vous-même chercher à la grande table votre poisson, votre viande, vos légumes. C'est une perpétuelle allée et venue, à moins que vous ne préfériez rester debout et consommer sur place à la table du milieu. Tel est dans ces pays le régime des buffets; n'y mettez pas les pieds, comme dirait la princesse de Trébizonde, si vous ne pouvez pas vous y faire.

A mesure que nous approchions de la Norvège, le temps, un peu maussade au moment du départ, devenait plus beau, les nuages se dispersaient, un brillant soleil éclairait le ciel purifié par le vent du nord. Vers quatre heures, nous nous arrêtâmes à Frederikshald, petite ville de guerre et de commerce, dominée par sa citadelle et enrichie par son fleuve, le Tistedal. Nous aperçûmes les fortifications, les navires et de jolies maisons de campagne qui révèlent l'aisance des habitants. Nous nous souvenions de Charles XII, qui trouva la mort sous ces remparts, le 11 décembre 1718. A cette époque, Frederikshald, ville norvégienne, appartenait au Danemark, et dans toutes les guerres entre ce pays et la Suède elle était exposée aux premières attaques.

Aujourd'hui Suède et Norvège vivent sous le même sceptre. S'en félicitent-elles? Nous le verrons bientôt. Pour le moment, nous roulons vers Christiania, et à six heures du soir nous atteignons le golfe au fond duquel elle est bâtie. Voilà un fjord, et dont jusqu'à présent rien n'a pu nous donner l'idée. Ici la mer s'enfonce dans l'intérieur des terres avec une persévérance étonnante; elle reçoit aussi quelques petits fleuves, mais ne se contente pas du tribut qu'ils lui apportent et avance toujours, comme pour tout envahir. A chaque pas elle détache de la terre un fragment et en fait une île. Les innombrables divisions de cet archipel offrent une prodigieuse variété de dessin, de couleur, de physionomie. Ici c'est une langue de terre allongée, là une masse arrondie, là un roc énorme, plus loin toute une petite province, semée de villages, creusée de baies, présentant au sud un écueil, au nord un refuge; parfois un large intervalle sépare les îles, et l'on croit revoir la pleine mer, puis soudain elles se pressent de nouveau, laissant entre elles des passages sinueux presque inextricables. Le soleil qui s'abaisse illumine toutes ces choses, se joue sur ces plaines liquides tour à tour claires ou assombries, découvertes ou à demi cachées, spacieuses ou étroites; il colore, il dore, il empourpre ces rocs grisâtres, ces vertes prairies, ces arbres élancés, ces maisons, ces jardins, ces bois tout voisins de nous, et aussi ces forêts lointaines, étagées là-haut, sur des montagnes dont chaque tour de roue nous rapproche et que chaque quart d'heure rend plus distinctes à nos yeux avides. Un tel spectacle nous ravit, nous remplit d'espoir; nous sommes heureux d'entrer dans une région si belle et qui, sans doute, va nous combler des joies les plus chères aux admirateurs de la nature. Penchés à la portière des wagons, nous faisons signe, de nos mains et de nos mouchoirs, aux habitants de ces terres enchantées; ils nous répondent par des gestes semblables, et nous leur savons un gré infini de nous souhaiter ainsi la bienvenue dans leur Éden. A huit heures nous entrons en gare, et dix minutes après, nous voici à l'hôtel Royal. Comme un concours de tir a amené beaucoup de monde dans la ville, chacun de nous partage sa chambre avec un de ses compagnons de voyage; mais cette chambre étant large, haute et bien meublée, il n'y a aucun inconvénient, ce me semble, à s'y trouver deux.

Le lendemain 15 août, jour de l'Assomption, n'est pas une fête en pays luthérien. Quelques-uns de nous pourtant se rendent à la messe de huit heures, qu'ils entendent à la petite église catholique de Saint-Olaf. Peu de monde, et rien de remarquable dans l'édifice; un jeune missionnaire à barbe noire nous adresse quelques mots de bienvenue en un français correct, mais prononcé un peu à l'allemande. Il nous parle de son évêque ou préfet apostolique, qui fait en ce moment une tournée pastorale à Tromsö, bien au delà du cercle polaire, tant ce diocèse de Christiania est étendu!

Pour aller à la messe et en revenir, nous avons traversé tout un quartier de la ville; nous avons vu la grande place (Stor-Torvet) avec un bazar en hémicycle où divers marchands tiennent boutique. Ce n'est ni beau ni laid, mais il y a ici des rues larges et longues, assez régulières, dont quelques-unes sont bordées de magasins pareils à ceux de nos grandes villes de province.

Au fond de l'admirable fjord qui nous a ravis hier soir s'élevait, paraît-il, la petite cité d'Oslo, bâtie vers 1050, mais qui fut deux fois incendiée. Christian IV, roi de Danemark, n'y trouvant plus que des cendres, fonda en 1624, à mille ou douze cents mètres du premier emplacement, une ville nouvelle à laquelle il donna son nom. Sa statue en bronze, sur le Stor-Torvet, le représente avec de grandes bottes, un large haut-de-chausse, un justaucorps très simple, montrant de la main droite le sol où il veut que naisse Christiania. Sa création, un peu négligée par les rois de Danemark, dont la vraie capitale était Copenhague, n'a grandi que lentement durant près de deux siècles et demi; en 1855, elle n'avait encore que 32,000 habitants, mais depuis cette époque elle a fait d'immenses progrès; le commerce des bois, des harengs, des allumettes, de l'avoine, de la bière et de la glace, s'y est développé, et plus de 150,000 âmes la peuplent aujourd'hui.

Ce qu'elle a de plus beau, c'est sa situation, c'est le cadre de montagnes et de mer qui l'environne. Aussi, le lendemain de notre arrivée, s'empressa-t-on de nous faire monter en voiture pour visiter les hauteurs où elle s'adosse. Ici, ce ne sont plus des collines, comme à Göteborg, mais des sommets élevés, assez longs à atteindre. Tout près de la ville s'étendent des champs fertiles et verts, qui descendent doucement vers le port; bientôt la pente devient plus raide, mais une route superbe nous conduit sans peine à travers des pins innombrables, les plus droits, les plus hauts, les plus majestueux que j'aie contemplés jusqu'à présent. Cette route est taillée dans le granit, et l'une des roches porte l'image de deux couronnes tracées en 1890. Sous la couronne d'empereur, l'initiale *W* (Wilhelm), sous celle de roi, un *O*, première lettre du nom d'Oscar.

Ils sont venus là ensemble, l'empereur et le roi; Dieu veuille qu'ils n'y aient rien machiné contre la France et contre le repos du monde! Quoi qu'il en soit, la nature, ici, est bien majestueuse, bien calme, et tout esprit fatigué par le travail ou l'agitation doit y trouver un délicieux repos. Nous nous arrêtons un quart d'heure à la villa de Frognen-Soeter, puis au grand chalet-restaurant de Holmenaasen; par-dessus les pins innombrables, nous revoyons le fjord, si vaste et si varié. Une légère brume et quelques gouttes de pluie nous le voilent, non pas entièrement, mais plus que nous ne l'aurions souhaité. Il est vrai qu'en redescendant nous jouissons de quelques éclaircies; le soleil par moment perce les nuages; tout bien pesé, nous avons beaucoup vu et nous pouvions craindre de ne rien voir; la matinée n'a donc pas été mauvaise.

Mais après le déjeuner, la pluie tombe et s'obstine; aussi faisons-nous très sagement de visiter l'intérieur de la ville. Rien d'extraordinaire au palais du Parlement (Storthings-bygningen), ni dans la grande église luthérienne de la Trinité; mais les musées ne sont pas sans intérêt. Il est curieux de voir, sous de longs hangars, les deux grands bateaux où des chefs Vikings [1], anciens rois de mer norvégiens, furent ensevelis. On les y coucha jadis comme dans des cercueils; une chambre funéraire, construite au milieu de chaque navire, reçut leurs cadavres. Et c'étaient de vrais navires, qui avaient sillonné les mers, et qui auraient pu longtemps encore servir aux expéditions lointaines des pirates, si on ne les avait pas consacrés à un autre usage.

Enterrés dans des couches d'argile bleue, ils y sont restés pendant de longs siècles, et voilà que nos contemporains les ont découverts.

L'un a été retrouvé près de Smaalene en 1867; c'est le moins conservé. L'autre, presque entier, large de 5 mètres 10, et long de 30 mètres, a revu le jour en 1880. Il porte au bordage supérieur seize ouvertures, par où passaient les rames. Nous aurions aimé à voir ce que renfermait la chambre funéraire, quelles armes, quels trésors, quels ustensiles avaient été ensevelis avec le roi,

[1] *Vikings*, en danois, signifie : *enfants des baies*.

et s'il restait de lui une momie ou un squelette. Mais il paraît que, bien avant notre siècle, on avait déjà dépouillé cette singulière tombe.

Du bateau des Vikings nous passâmes bientôt au musée de peinture et de sculpture. Les statues originales y sont peu nombreuses, et ne retinrent pas longtemps notre attention ; nous fûmes peut-être injustes pour la *Fille de Jephté*, sculptée par Broch, et pour le *Ragnar* de Skeibrok ; mais les fjords et les cascades, peints par Dahl, Fearnley, Baane, nous plurent beaucoup et nous présagèrent de poétiques jouissances; et ceux d'entre nous qui avaient vu à Paris les Expositions de 1855 et de 1867 se ressouvinrent d'y avoir déjà regardé avec sympathie les scènes norvégiennes de Tidemand.

Pendant que nous passions des bateaux funéraires aux galeries des Beaux-Arts, une pluie diluvienne changeait les ruisseaux des rues en torrents et, tombant à grands flots des gouttières, faisait gronder nos parapluies sur nos têtes. Cette averse furieuse dura près de quatre heures; elle ne commença à se ralentir que lorsque nous nous dirigeâmes vers le Slott ou palais royal, situé sur le haut d'une colline, à l'extrémité d'une longue et large rue (Karl Johannsgatan) que bordent, à droite, des hôtels, des magasins, et à gauche, des promenades publiques. Quand nous eûmes dépassé l'Université et que nous commençâmes à monter plus péniblement, un joli parc, comme pour nous encourager, s'étendit également des deux côtés de la voie. Nous arrivâmes ainsi à la statue équestre de Bernadotte, fondateur du palais royal de Christiania. Enfin nous atteignons un portique assez simple, mais très élevé au-dessus de toute la ville. Les huissiers nous reçoivent et nous promènent à travers les galeries, les salons, les chambres. Peu d'architecture dans cette demeure; beaucoup de meubles mesquins, de pendules en zinc doré, de tableaux médiocres et de gravures communes. Si tout cela n'a pas coûté grand'chose à la nation norvégienne, félicitons-la; mais en voyant des objets si peu artistiques, on regrette bientôt d'avoir pris la peine de monter à cette hauteur. La déception cependant n'est pas complète, et jusqu'à un certain point elle est compensée. D'abord un des derniers salons nous présente deux tableaux remarquables : *Le bon conseil,* de Tidemand (une mère montrant son enfant malade à une voisine qui lui donne un avis dicté par l'expérience et la sympathie), et un paysage admirable intitulé : *Le soleil de minuit aux îles Lofoten.* Puis, au moment où ces deux belles œuvres viennent de nous réconcilier un peu avec le palais, on nous conduit par un escalier très simple à l'immense terrasse qui le surmonte, et de nouveau le fjord nous apparaît, avec la grande ville sur ses bords, les navires rangés devant Christiania, ou voguant vers cette capitale, ou cherchant à regagner le large; et les îles innombrables que découpe la mer, et les étages successifs de montagnes arrondissant derrière la cité et ses faubourgs un amphithéâtre de sombre verdure, que l'hiver blanchira, mais ne flétrira point. Je ne sais s'il existe au monde un panorama où tant de grâce s'unisse à tant de majesté, et où le mouvement d'une capitale, déployé de fort près sous les yeux du spectateur, fasse mieux ressortir la mélancolie des fonds lointains.

Oui, nous avons bien eu raison, malgré la pluie, d'escalader le palais et sa terrasse.

Le lendemain 16 août (ô inconstance du Nord et de son été si court, si incertain!), le temps est chaud et splendide, le ciel presque pur; à neuf heures nous grimpons de nouveau, mais à pied cette fois, et dans la ville même.

Du haut de la colline de Saint-Jean (Sancthannshougen) et de la petite tour qui domine le réservoir public, nous revoyons une fois de plus Christiania; puis nous nous dirigeons vers l'église d'Akerskirke, étroite basilique romane du XIe siècle, placée sur une ondulation de terrain d'où l'on aperçoit, mieux que tout le reste, une longue rue de maisons entassées, hautes et fumantes, qu'habitent les ouvriers et qu'anime l'industrie.

De là nous descendons dans un charmant jardin, peuplé de bouleaux, de tilleuls, de fleurs et de tombes, riante promenade et cimetière tout à la fois; puis, continuant à suivre les rues en pente, nous arrivons au musée archéologique de l'Université. Nous en parcourons les galeries un peu rapidement, mais nous avons vu si souvent ailleurs des silex préhistoriques, des armes de bronze, des bijoux recueillis dans des tombeaux ou dans des marais jadis habités! Ce qui nous retient un peu plus longtemps, ce sont les portes en bois d'antiques églises, où sont sculptés, non pas de pieuses légendes, mais des épisodes de sagas et des scènes que raconte encore le poème germanique des Niebelungen : tant le christianisme tardif des Scandinaves eut de peine à chasser les vieux souvenirs païens!

De ces reliques et antiquités norvégiennes, nous revenons bientôt aux choses d'aujourd'hui, et nous visitons ce qu'on appelle à Christiania *Dampkjoekken* (cuisine à vapeur). Dans une vaste salle, très simple et très propre, sur des bancs de bois, autour de tables de marbre, deux cents personnes, au moins (des hommes pour la plupart), sont assises et mangent la part de riz, de saucisse, de soupe qu'elles sont allées chercher à une espèce de buffet. Deux mille individus, nous dit-on, viennent ici chaque jour acheter leur nourriture, qu'ils emportent chez eux ou consomment sur place. Ce sont gens du peuple, ouvriers, petits employés de commerce, décemment vêtus. Nous descendons au sous-sol, dans la cuisine, où des femmes, en tabliers blancs, en robes très propres, puisent le riz, la soupe et les viandes dans d'immenses marmites sous lesquelles passent des tuyaux pleins de vapeur chaude. Toute cette victuaille est vraiment appétissante, et ceux d'entre nous qui en ont goûté la trouvent fort bonne. Du reste, il est plus de midi et nous avons faim. Si nos dîners n'étaient point payés d'avance à l'hôtel, je chercherais à me contenter d'une ou deux de ces grosses parts qui coûtent 45 öre (52 centimes) tout au plus.

Quel malheur, et je dirai presque quelle faute de ne m'être point habitué à ce régime frugal ! Que d'argent il me resterait pour mes voyages, mes livres, mes spectacles, et pour venir en aide à de *pauvres escholiers !* Il est vrai qu'on ne trouve point partout de ces cuisines à vapeur norvégiennes, sortes de bouillons Duval philanthropiques, où rien n'est raffiné, mais où tout est propre, où rien ne flatte les sens, mais où rien ne les rebute.

Vers deux heures de l'après-midi, nous gagnâmes le port, et un bateau à vapeur nous transporta au château d'Oscarshall, bâti par le roi Oscar Ier, de 1849 à 1852. Le style gothique de ce palais de campagne nous fit plus de plaisir que la froide et presque nulle architecture du Slott. Nous y trouvâmes cependant à l'intérieur encore trop de zinc et de mesquins ornements. Les statues des vieux rois de Norvège, malheureusement trop inconnus en France, nous arrêtèrent peu; quelques paysages norvégiens, peints par Prisch, nous parurent moins beaux que ceux du musée de Göteborg, dus à des artistes plus modernes, et les scènes norvégiennes représentées par Tidemand se trouvèrent placées un peu trop haut pour que notre vue pût bien y atteindre. Et puis nous désirions enfin observer ailleurs qu'en peinture ces costumes que l'on porte encore dans les provinces et qui ne se rencontrent guère à Christiania.

Nous savions aussi que dans la suite de notre voyage nous verrions de vieux édifices restés à leur place et des maisons rustiques habitées et vivantes. Cet espoir nous fit passer un peu légèrement devant l'église de Gol, construite tout en bois dans le Hollingdal, et transportée depuis au parc d'Oscarshall, où on l'a entourée de cabanes du Thelemarken, grossièrement sculptées, vides et transplantées comme elle. Nous y jetâmes un rapide coup d'œil (trop rapide peut-être) et nous reprîmes le bateau à vapeur qui nous ramena en une demi-heure à Christiania. Les instants les plus agréables de cette excursion avaient été l'aller et le retour, et les vingt minutes durant lesquelles, debout sur la haute tour blanche du château, nous avions encore promené nos regards dans les gracieux replis du merveilleux fjord.

II

DE CHRISTIANIA A BERGEN

Si des affaires nous avaient appelés en Norvège et obligés à visiter promptement les principales villes, nous pouvions dès le lendemain nous embarquer de nouveau et en deux jours arriver à Bergen; mais qu'aurions-nous vu des montagnes et des paysages de l'intérieur? Aussi notre programme était-il tout différent : il nous donnait huit jours, en partant de Christiania, pour gagner Bergen à travers un nombre infini de lacs, de forêts, de rivières, de fjords, de montagnes et de vallées. — Mais alors, direz-vous, ayant à franchir un tel espace, si accidenté, si divers, nous devions sans cesse changer de véhicule, passer de chemin de fer en bateau, de bateau en voiture et remonter de voiture en wagon. De plus, il fallait arriver à point pour trouver le repas et le gîte aux heures où la nature et l'habitude les réclament. Il ne fallait manquer ni les trains ni les bateaux; trouver des cochers et des aubergistes prêts à nous servir en temps et lieu. — Oui certes, il le fallait, mon cher ami, mais un autre s'en inquiétait pour nous.

Tout cela avait été payé d'avance, en une somme convenue, à la Société des Voyages économiques; c'était à son agent, chef de la caravane, à y pourvoir, et nous étions sûrs qu'il n'y manquerait pas et que nous n'aurions jamais rien à débattre avec qui que ce fût. Il nous avertit seulement qu'il serait bon de réduire nos bagages au strict nécessaire afin de n'encombrer aucune voiture et de ne retarder aucun mouvement. Ce conseil fut suivi : j'abandonnai, pour ma part, une petite valise qui fut embarquée sur le bateau à vapeur des Messageries et dut me précéder à Bergen. Ne gardant qu'un sac très léger, un parapluie et une couverture de voyage, roulée et serrée avec une courroie, je me rendis, ainsi que mes compagnons, au chemin de fer de l'Ouest.

Le 17 août, à sept heures et demie du matin, nous quittions Christiania, et nous longeâmes le golfe pendant quelque temps encore; tout ce commencement de route vers l'intérieur est délicieux. On ne perd de vue le fjord de Christiania que pour traverser des forêts de pins, côtoyer une rivière plusieurs fois élargie en lac, en franchir une autre et arriver à la petite ville de Drammen, où un fjord nouveau vient se terminer. Cette perpétuelle union de la terre et des eaux est un enchantement. A Drammen, nous apercevons quelques corsages rouges, quelques bonnets ou diadèmes de paysannes que les tableaux de Tidemand nous ont déjà fait connaître. Puis nous nous remettons à suivre une rivière qui bientôt se dilate en trois fjords : celui dont le chemin de fer longe la rive se nomme Tyrifjord, et comme nous le côtoyons en nous éloignant de la mer, les collines s'élèvent rapidement, les cascades écument, la Begna bondit deux fois sous nos yeux, et vers une heure le train, achevant sa course, nous dépose à l'entrée du Rands-Fjord, où un bateau fume et se balance lentement, prêt à nous recevoir. Nous y entrons, et nous déjeunons fort bien, quoique les mets nous paraissent un peu singuliers : jambons de renne, poissons fumés ou salés, dont un assez petit qui se nomme le *sprot,* et qui est excellent quand on sait l'ouvrir et l'écorcher.

Après ce repas, nous regardons le fjord autour de nous; pendant trois heures, il ressemble à un large fleuve dont les bords s'élèvent peu à peu, mais sans variété. Heureusement cette monotonie n'est pas éternelle; après la troisième heure de traversée, l'eau devient plus limpide, les rives plus resserrées; ce miroir qui ne reflétait que le ciel reproduit maintenant de vertes collines, des villages, des vergers, des bois; nous arrivons sans ennui à Odnaess vers six heures du soir.

Installés promptement à l'hôtel, nous en ressortons pour parcourir les rochers voisins, suivre le bruit d'une petite cascade et la découvrir, franchir un ruisseau en sautant d'une pierre à l'autre, et assister à un beau coucher de soleil, dans un ciel enflammé, au-dessus d'un vallon où ce même ruisseau bouillonne et s'égare à travers les roseaux, les rocs, les taillis. Après un bon souper, on cause au salon : quelques-uns font de la musique; on se couche à dix heures, très content de ce premier pas qu'on a fait vers les hautes montagnes.

Et déjà la manière dont s'effectuera le passage entre Christiania et Bergen nous semble expliquée.

Naguère, quand nous lisions notre programme, tout nous paraissait obscur dans cette future période du 17 au 24 août. Et nous voici maintenant, le 17 au soir, bien logés et n'ayant souffert d'aucune privation, je dirai plus, d'aucun changement d'habitude. Ces noms de villages : Odnaess, où nous sommes en ce moment; Fagernaess, que nous devons voir demain; Nystuen, Laerdalsören, où nous arriverons plus tard, nous paraissent moins étranges parce que nous commençons à les comprendre. Odnaess, veut dire, en danois-norvégien : promontoire aigu; Fagernaess : joli promontoire; Nystuen veut dire : nouvelle maison de bois; Laerdalsören : anse qui termine la vallée de la *Laera;* Maristuen : maison de bois consacrée à Marie, etc. La plupart de ces localités comptent très peu d'habitants; Odnaess, où nous sommes, n'est qu'un petit hameau, mais Odnaess, comme bien d'autres qui nous restent à traverser, est situé sur la route qui mène aux bons endroits, et à une telle distance des points principaux qu'il faut s'y arrêter, y prendre un repas au moins, ou, comme nous allons le faire, y passer la nuit.

Odnaess, Fagernaess, Nystuen, Laerdalsören, autant d'étapes pour qui veut visiter la Norvège, et les Anglais, depuis cinquante ans, le savent bien : aussi a-t-on établi, surtout pour eux, des hôtels confortables où l'on parle leur langue, où la cuisine se rapproche de la leur, où tout est disposé pour les recevoir et pour leur plaire. Chaque année, dès le mois de juin, les voyageurs anglais arrivent de Hull à Bergen, envahissent le pays, en font presque la conquête (pacifiquement et la bourse à la main), y louent des pêches, des chasses, y transportent leurs habitudes, leurs sports, et dans certains endroits y dépassent en nombre la population indigène. Vers la fin de septembre, ils s'en vont, et la Norvège est alors rendue à elle-même, plus tôt peut-être qu'elle ne le désirerait.

Or, nous n'étions encore qu'au 17 août; le pays était plein d'Anglais, les bons hôtels ouverts, les bateaux à vapeur, les trains demi-express et les voitures de louage en activité; toutes nos stations enfin accessibles et habitables.

La Compagnie Bennett, anglaise et rivale de Cooke, heureusement alliée à la Société des Voyages économiques, nous frayait les voies et fournissait des coupons à notre chef pour payer partout nos dépenses. Dans ces conditions la Norvège nous apparut bientôt telle qu'elle est : trop peu connue de nos compatriotes, trop exclusivement livrée aux Anglais; mais facile à aborder et à parcourir, surtout pour les clients d'une Société de voyages, qui retient d'avance les moyens de transport et les logements.

Le 18 août, pleins d'une nouvelle confiance, nous quittons Odnaess à huit heures du matin, et jusqu'à une heure et demie nous traversons en voiture des campagnes semées de belles fermes et plantées de bouleaux vigoureux. La route, après avoir côtoyé l'Etnaelv, franchi la Dokka, passé l'Etnaelv à son tour, commence à monter doucement parmi des forêts de pins superbes. A six cents mètres environ au-dessus du niveau de la mer, nous atteignons le Sanatorium du Tonsaas. C'est un hôtel complété d'un établissement hydrothérapique. A peine descendons-nous de voiture et demandons-nous à déjeuner, qu'on nous répond : « A deux heures, messieurs, la table » sera prête, mais en attendant vous pouvez prendre un » bain. » Quelques-uns d'entre nous acceptent cette proposition; je me laisse amener dans une cabine toute de bois, et suis docilement les prescriptions du baigneur qui m'accompagne et qui me parle anglais. Je me plonge d'abord dans un noir mélange d'eau chaude et d'eau de pin, qui ne laisse aucune trace sur mon corps; puis, je me place sous une vaste pomme d'arrosoir et je reçois quelques fraîches ondées d'eau ordinaire, très pure et très abondante. Toutes ces opérations me lavent et me délassent agréablement; ceux de mes compagnons qui les ont subies comme moi en sont également satisfaits.

Après un bon déjeuner pris à l'hôtel, nous nous promenons une demi-heure aux environs, et nous plaignons quelques jeunes gens pâles, maigres, étiques, qui essaient de faire, en haletant, un petit tour sous les ombrages et dans les prairies. Nous craignons fort que ni bains, ni douches, ni air saturé de la senteur des pins ne puissent régénérer leurs organes; la tuberculose semble en avoir fait sa proie; consentira-t-elle au moins, en faveur de quelques malades, à retarder le dénouement fatal?

Vers trois heures, nous remontons en voiture et nous achevons de gravir le Tonsaas.

Nous voici à une hauteur de sept cents mètres, sur un plateau boisé, légèrement marécageux. Les arbres ne sont plus si beaux dans cette région; les eaux y paraissent ternes et dormantes; nous n'avons rien d'agréable sous les yeux; c'est un de ces moments, comme il en arrive dans tous les voyages, où l'on se demande s'il valait la peine de venir aussi loin pour voir des objets aussi insipides. Mais à peine nous sommes-nous posé cette question que le spectacle change, et voici un gros village, Prydealand, à mi-côte, au milieu de riantes prairies. Toute une vallée, onduleuse et fertile, se creuse et s'allonge au-dessous de notre route. Ce sont des vagues immobiles de verdure. Au fond de la vallée, une rivière, la Begna, que nous avons déjà vue, mais plus loin de sa source, traverse un lac émaillé d'îles charmantes; à droite, une cascade, le Forbraaten, brille et argente de son écume le rocher d'où elle tombe et le lac qu'elle vient grossir; à gauche, une autre cascade, le Vaslefos, formée par la Begna elle-même, s'entend de très loin, mais s'aperçoit à peine. A une grande distance devant nous, la chaîne du Jotunheim dresse ses pics neigeux; les hautes montagnes et leur éternel hiver nous appellent. Nous ne les voyons pas longtemps, il est vrai; la route redescend; des sommets moins élevés nous cachent la grande chaîne, et nous arrivons à Fagernaess, au bord du Strandefjord. Il est sept heures et il fait encore grand jour; en attendant le dîner, nous nous promenons dans une île et nous nous amusons à faire des ricochets. J'y réussis très peu : mes cailloux bondissent deux ou trois fois, mais dès qu'ils ne peuvent plus sauter, ils s'enfoncent. Deux de nos compagnons, au contraire, le musicien et l'avocat, si je ne me trompe, font glisser les leurs sans secousse, sans soubresaut et à des distances énormes, sur la surface des eaux tranquilles. Ce jeu nous divertit quelque temps; puis, vient le souper, la causerie au salon, un peu de piano et un repos bien gagné.

La journée du lendemain 19 août fut singulière. D'abord assez mauvaise, elle trompa nos tristes prévisions et fut vraiment bonne. Quand nous quittâmes Fagernaess en voiture, il était huit heures du matin, et il tombait une pluie fine et opiniâtre. Nous longeâmes le Strandefjord, puis le Slidefjord, mais nous ne les voyions qu'imparfaitement, voilés comme ils l'étaient par la brume. De plus, les gouttelettes agaçantes qui tombaient du ciel nous obligeaient souvent à couvrir les voitures et à nous priver du paysage. Dans les moments passables, néanmoins, nous abaissions ces importunes, quoique nécessaires capotes, et nous satisfaisions rapidement notre curiosité. Nous vîmes ainsi la cascade de Lofos, et quand la route eut dépassé la ferme du Kvam, qu'elle pénétra au travers des rochers de Huga-Kollen et qu'elle se glissa sous la toiture de bois destinée à la protéger contre les éboulements de printemps et d'automne, nous fûmes ravis de suivre tous ces détours entre un beau lac et une haute montagne, qui semble toujours menaçante.

Vers trois heures et demie, nous atteignons Grindaheim et nous y dînons. Le temps reste couvert, mais la pluie tombe à peine; nous nous aguerrissons, d'ailleurs, à la supporter, et pendant tout le reste de cette journée nous ne relevons plus les capotes. Après Grindaheim, les torrents, les cascades et les rochers nous occupent pendant plus d'une heure; en approchant du village de Skogstad, nous remarquons de grands rassemblements : des paysans, et surtout des paysannes, sont devant nous sur la route, mais ne se tournent pas vers nous. « C'est une noce, » s'écrie l'un de nos compagnons. Notre curiosité s'exalte aussitôt; nous espérons voir dans la vie réelle ces scènes populaires représentées par Tidemand : la mariée portant une couronne presque royale, qui resplendit de clinquant et de verroteries; tout un canton en habits de fête nationaux et traditionnels! Il n'en est rien pourtant; plus nous avançons, plus les robes, les fichus, les jaquettes, les pantalons nous semblent ordinaires et pareils à ceux que portent aujourd'hui les paysans de presque toutes les contrées de l'Europe.

Il n'y a pas de noce, en effet, à Skogstad, mais un passage de troupes : un régiment d'artillerie changeant de garnison ou se rendant sur le théâtre des manœuvres. Au bout d'une demi-heure, nous rejoignons ces braves soldats et nous les trouvons stationnés dans une prairie. Il ont dételé leurs caissons et leurs pièces, mais n'ont point dressé de tentes. Ils est probable qu'ils ne passeront pas la nuit au grand air, mais pour le moment ils se reposent. Beaucoup de femmes s'empressent autour d'eux..... afin de les servir... en tout bien et en tout honneur. Les unes lavent leur linge; les autres leur font la soupe, leur apprêtent du lait, du thé, du café. Pas de vin, pas de spiritueux, pas même de bière. Aucuns préparatifs de danse; nulle conversation bruyante; nul couple s'écartant pour parler à voix basse; nulle ombre de coquetterie chez ces femmes, ni de hardiesse entreprenante chez ces hommes. Une halte militaire très calme, très réservée, j'allais presque dire édifiante. Nous circulons quelque temps parmi ce monde, où nous ne comprenons personne et où personne peut-être ne nous comprendrait, et, le laissant à ses honnêtes occupations, nous ne tardons pas trop à remonter en voiture. Notre course se poursuit à travers une vallée très verte encore, mais dépouillée d'arbres, prairie alpestre, herbeuse, granitique, pleine de ruisseaux qui se jettent les uns dans les autres et dont je ne saurais désigner le principal. Bientôt les fermes deviennent rares, les montées très fortes, l'herbe plus courte. Une foule de cascades, entrevues dans les brouillards que nous traversons, semblent descendre de ce ciel nuageux et abaissé ; une fine humidité nous arrose légèrement, mais ne nous force pas à couvrir les voitures; tant que le jour dure, nous voulons voir, et il dure encore à neuf heures, quand nous arrivons à Nystuen. Là, nous trouvons, à neuf cent quatre-vingt-dix-sept mètres au-dessus du niveau de la mer, un grand hôtel de bois très confortable, où, après le souper, on danse quelque temps au salon.

Le lendemain matin 20 août, en me levant, j'aperçois, de ma fenêtre, un beau lac et le pied d'une haute montagne, le Stugunöse, que nous nous proposons d'escalader. Malheureusement, le pied seul en est visible: un brouillard blanc en voile tout le milieu et le sommet; y monter serait encore possible, mais inutile; du haut de ces mille quatre cent soixante et onze mètres nous ne pourrions rien discerner, pas même peut-être les rochers qui nous entoureraient. Nous renonçons en conséquence à cette ascension et nous partons en voiture à huit heures. Depuis quelques moments, le temps est devenu chaud et splendide; le brouillard se dissipe assez rapidement et ne tardera pas à abandonner le sommet du Stugunöse; que ne l'a-t-il fait trois heures plus tôt!

Laissant les regrets superflus, nous quittons Nystuen, traversons des forêts de bouleaux, contemplons des montagnes sauvages, et, après avoir atteint une hauteur de mille quatre mètres, redescendons en suivant le cours de la Laera, rivière impétueuse et bouillonnante.

Après les relais de Maristuen et de Hoeg, une gorge étroite et sombre s'ouvre devant nous; nos voitures y plongent, y restent environ trois quarts d'heure, puis nous amènent dans une sorte de clairière où s'élève l'église de Borgund.

C'est un édifice où le culte n'est plus célébré et que l'on conserve à titre de monument historique, comme cette église de Gol, transplantée au parc d'Oscarshall.

Ici, nous regardons avec plus d'intérêt, mais les connaissances spéciales nous manquent pour décider si, comme le veut Baedeker, elle date vraiment du XIIe siècle, ou s'il faut en croire un article publié jadis dans le *Magasin pittoresque* (t. IX, année 1841), et qui en rapporte l'origine au temps de la Réforme. Posée sur d'énormes pierres, comme beaucoup de cabanes du voisinage, elle est construite presque entièrement en bois et entourée d'un petit mur, le long duquel règne, à hauteur d'homme, une suite de colonnes minuscules et d'arcs en plein-cintre que je croirais volontiers sculptés au XIIe siècle. Les toits bizarres, multiples, superposés, ont pour ornement des croix très simples, et, dans la partie la plus haute, quatre panaches de bois, que je ne sais comment vous définir. Sont-ce des imitations de proues de navires? ou des dauphins? ou des dragons? ou des fleurs bizarres, orchidées gigantesques noircies par le temps? Rien de tout cela sans doute, mais une fantaisie d'artistes qui resteront à jamais inconnus. Quelques érudits, sachant lire les runes, caractères scandinaves antérieurs, dit-on, à Jésus-Christ même, ont déchiffré, sur le portail ouest, une inscription qui signifie : « Thorer a écrit ces runes à la foire de Saint-Olaf. » Mais quel était ce Thorer? On l'ignore. L'intérieur de l'église est extrêmement sombre; aucune fenêtre n'est percée dans les murailles, et quand les portes sont fermées on y voit à peine. Les lampes et les cierges, sans doute, remplaçaient ici la lumière du jour. En laissant les portes ouvertes, on aperçoit quelques inscriptions grossièrement peintes et quelques armoiries d'anciennes familles. Un petit clocher en bois, séparé de l'église, s'élève tout auprès. N'ayant aucune notion d'archéologie norvégienne, je le regarde sans pouvoir m'y intéresser. Le haut est assez élégant et orné de petits arceaux sculptés, pareils à ceux du cloître dont je vous parlais tout à l'heure. Le bas et le milieu n'offrent que des poutres disposées solidement, mais sans aucun dessein de charmer les yeux.

Après avoir déjeuné à Husum, vers une heure et demie, nous rentrons dans une gorge superbe où des rochers fantastiques semblent à chaque instant prêts à nous barrer la route ou à nous tomber sur la tête. A ce moment de l'année, le danger n'est qu'apparent; plus tôt ou plus tard, quand les neiges arrivent ou fondent, quand les eaux grossissent et débordent, il est réel. Plusieurs fois dans le cours des âges, la Laera a changé de lit, et des monticules se sont formés de débris charriés par elle ou ses affluents. A certains détours du chemin, le mont Aaken nous montre sa cime neigeuse, et des éboulis voisins de nous seront peut-être au printemps prochain ensevelis sous des masses nouvelles.

Nous passons sans encombre au travers de ce chaos, et vers six heures du soir nous entrons à Laerdalsören. Ce n'est plus ici une simple halte, ni un hameau situé près d'un hôtel, mais un village de huit cents habitants, ayant un médecin, un pharmacien, et continuellement animé par des arrivées et des départs. Descendus à l'hôtel Lindström, quelques-uns de nous emploient les dernières heures du jour à faire une promenade à pied le long d'un des bras du Sognefjord.

L'eau de la Laera, dans ce golfe, est paisible (elle l'était du moins au moment où nous la vîmes), et se mêlant doucement à celle de la mer, qui, d'une distance de plus de cinquante lieues, vient la trouver, elle reflète les montagnes granitiques qui l'encadrent. Les rayons du soleil couchant pénètrent par des brèches diverses dans cette enceinte élevée et irrégulière; nuages du ciel, sommets et flancs arrondis des monts, parois de rochers, grottes ouvertes sont touchés tour à tour par le divin pinceau qui les rougit ou les dore un instant, puis de nouveau les rend à l'ombre et bientôt à la nuit.

Pendant que cette dernière conquiert lentement l'espace, nos yeux se promènent sur tous ces objets dont l'ensemble est grandiose, mais un peu triste. Du point où les voyageurs s'embarquent en hiver, nous revenons, toujours à pied, à l'hôtel Lindström, où un bon dîner et un bon sommeil nous préparent aux joies du lendemain.

Ce fut un beau jour dans ma vie, et, j'aime à le croire, dans celle de tous mes compagnons, que ce lendemain dimanche 21 août. Dès huit heures, le bateau quittant Laerdalsören nous portait vers le Sognefjord.

Après trois quarts d'heure de navigation entre les montagnes que nous avions tant admirées la veille, nous nous trouvâmes plus au large, mais le Sognefjord ouvrant de tous côtés des bras très longs, étendus dans les directions les plus opposées, il fallut, pour nous rapprocher de Bergen, incliner au sud-ouest et entrer dans l'un de ces bras que l'on a nommé l'Aurlandsfjord. A chaque moment le charme de notre traversée augmentait, car à ces eaux tranquilles le ciel et la terre imprimaient une incessante variété.

Figurez-vous, mon cher ami, que, sur l'Aurland, vous naviguez, comme nous le faisions alors, en vous arrêtant à de petites escales qui vous appellent alternativement sur les deux rives.

Pendant que le bateau à vapeur se dirige vers une des stations que le soleil du matin frappe et réjouit, vous admirez ce ciel pur, ces eaux vertes, ces maisons peu nombreuses, mais entourées de jolis vergers qu'elles abritent et de pâturages où quelques troupeaux vont brouter. Tout ce coin du fjord verdoie et sourit; de bonnes figures paisibles vous attendent sur la petite cale; vous les aimez déjà sans les connaître, et vous regrettez seulement qu'il n'y en ait pas davantage. Mais avant d'aborder ici, retournez-vous un moment vers l'autre rive: c'est un autre spectacle, une autre lumière; le soleil est absent ou caché; les nuages s'amoncellent; les montagnes sont grises et montrent à nu leur granit avec quelques plaques blanches sur leurs sommets; point de petits ports, de vergers, de pâturages, ou, s'il y en a, vous ne les apercevez point; la distance et l'obscurité relative vous les dérobent. A gauche, la nature s'égaie et vous invite; à droite, elle fronce le sourcil et vous menace. L'été et l'hiver se partagent ces bords ou semblent se les partager, suivant que le soleil se donne ou se refuse, secondé ici par la pureté du ciel, par l'élévation moindre des montagnes, contrarié là-bas par les nuages ou par les grands pics. Subissant tour à tour ces impressions diverses, nous approchions rapidement d'un autre bras connu sous le nom de Naerösfjord. Ici les eaux se resserraient entre des montagnes que nous aurions voulu voir tout entières puisqu'elles allaient, et pendant assez longtemps, rester fort près de nous. Nous faisions donc des vœux pour que les nuages, s'ils ne voulaient pas disparaître, demeurassent du moins suspendus en l'air au-dessus des sommets. Cette satisfaction nous fut refusée : ils s'arrêtèrent sur les pics, ils s'y posèrent; mais ils auraient pu descendre plus bas et couvrir les monts tout entiers. Le ciel, en nous laissant tout voir, excepté les cimes, nous faisait encore une grâce dont nos cœurs furent reconnaissants.

Et nous passions sur les eaux entre ces grands murs qui s'élevaient au moins à neuf cents mètres, leurs pieds revêtus d'herbe verte et ornés d'arbres généralement petits, mais très serrés, très nombreux, aimant à vivre dans cette fraîcheur entretenue par le lac et par les cascades.

De ces montagnes, les eaux tombent en abondance et viennent de toutes parts rejoindre les eaux d'en bas. Elles ont mille manières d'y arriver : par bonds impétueux, par glissements prolongés, en gerbes énormes ou en minces filets.

Une des plus belles cascades est celle du Laegdeelf, haute de trois cents mètres. Si le ciel n'eût pas été assombri par tant de nuages, quels champs de neige, quels glaciers n'aurions-nous pas aperçus! mais dans un horizon forcément borné, ce que nous voyions était bien curieux encore. Nous nous sentions touchés de pitié et d'admiration à l'aspect de certaines cabanes accrochées à des rocs dont l'accès semble impossible. Et cependant on y atteint, on y habite, et autour de la frêle demeure on cultive des légumes ou même des céréales, on surveille des chèvres qui bondissent, des vaches qui paissent et qui font vivre toute une famille!

Le Naeröfjord se rétrécissant de plus en plus, il vient un moment où deux cents mètres à peine séparent les deux rives, et nous nous serions crus sur un petit fleuve. Souvent le passage nous semblait fermé, et puis, en approchant de la prétendue barrière, on la trouvait ouverte moyennant un petit détour, et, le cap une fois doublé, un nouvel espace s'allongeait devant nous, où plusieurs bateaux comme le nôtre pouvaient sans crainte voguer de front ou se croiser. Les nuances et les coupes variées de chaque montagne, les formes de chaque nuage se reproduisaient dans ces eaux limpides et profondes qui réfléchissaient tout et ne révélaient rien. En les regardant, il était impossible d'apercevoir même un poisson; tout ce qui existait au-dessous de leur surface demeurait caché. Jamais je n'ai vu réuni tant de clarté franche et tant de mystère.

Aussi étions-nous en extase devant un spectacle si nouveau pour ceux mêmes d'entre nous qui avaient le plus voyagé. En débarquant, vers onze heures et demie du matin, à Gudvangen, nous regrettions de quitter ce Naeröfjord; il nous semblait que dans toute notre expédition nous ne verrions plus rien d'aussi beau.

Cette pensée était vraie peut-être, mais heureusement, dans la nature comme dans les arts, la diversité soutient ou ranime l'admiration : après un fjord incomparable, une belle vallée conserve tous ses droits sur nous. Quand nous passâmes du Naeröfjord au Naerödal, quand nos voitures traversèrent cette vallée sauvage où tant de rochers écroulés s'étalent et se recouvrent d'une végétation luxuriante, où l'énorme Jordalsnut, haut de onze cents mètres, dresse son cône gris blanchâtre clairsemé de pins, nos regrets furent vite consolés, et nous ne doutâmes plus que l'intérêt du voyage dût se soutenir et se renouveler presque à chaque pas.

Tandis que nous nous livrions à cette espérance, nos cochers nous prièrent de descendre, sous prétexte que la montée allait devenir trop rude et que les chevaux, s'il fallait nous traîner, ne pourraient jamais la franchir. Nous avions, en effet, devant nous la haute colline du Stalheim-Klev, barrant la vallée, et sur son sommet, assez uni pourtant, un grand chalet qui servait d'hôtel. Nous mîmes pied à terre, heureux de nous dégourdir les jambes, et pendant la première partie de cette montée, nous nous sentions payés de nos efforts par la vue prolongée du superbe Naerödal et la découverte de deux cascades, le Sevlefos et le Stalheimfos, tombant de roc en roc à travers des bois sur la droite et sur la gauche du Stalheim-Klev. Mais peu à peu les nuages qui voilaient le soleil font pire encore : la pluie nous mouille et nous cache le paysage. Au bout de trois quarts d'heure, nous entrons à l'hôtel, vaste, élégant, rempli d'Anglais et d'Anglaises, avec une salle de danse ornée de boiseries sculptées, des fumoirs, des salons de conversation tout garnis de divans et de rocking-chairs, une table chargée de journaux, une bibliothèque dano-norvégienne, et anglaise aussi, bien entendu, sans aucun mélange de livres français.

Après le déjeuner, moins bon que tant de luxe ne semblait le promettre, nous voyons la pluie continuer, et nous serions bien aises d'attendre qu'elle finît. Dans des appartements si beaux et si bien meublés, avec tant de romans de Dickens et de Thackeray, il me semble, pour ma part, que le temps ne me durerait pas. Mais les voitures sont commandées : il faut partir. Nous voici de nouveau en route, et nous essayons, tout en relevant les capotes, de tenir les vitres baissées, les rideaux ouverts et de voir quelque chose au dehors; mais la pluie devient insupportable; il faut se résigner à la clôture complète et sacrifier, pour le moment, toute curiosité. Alors nous murmurons : Quel étrange pays que la Norvège! irritante comme une très belle femme qui serait toujours prête à abaisser son voile! Mais aussi pourquoi venir dans la seconde quinzaine d'août, puisqu'ici la mauvaise saison commence si tôt? Pourquoi la Société des Voyages économiques organise-t-elle des caravanes si tardives dans le Nord de l'Europe? Elle devrait savoir qu'à cette époque de l'année le temps y est pluvieux, et à chaque instant gêne les touristes. Encore si nous avions attendu à l'hôtel du Stalheim une éclaircie, un moment plus favorable. N'aurions-nous pas pu partir demain matin? Mais non, il a fallu se presser, et, dans le brouillard, la pluie et la boue, traverser un pays superbe dont nous ne voyons rien, nous qui ne sommes venus ici que pour voir.

Ainsi parlions-nous, mon cher ami, avec une aigreur produite et excusée par notre désappointement, lorsque les voitures s'arrêtèrent pour relayer. Nous descendons un instant, parapluies ouverts, et nous nous trouvons au hameau de Tvinde. Une belle cascade, tombant de cent trente-quatre mètres, frappe soudain nos regards, et par bonheur le temps nécessaire au changement de chevaux nous oblige à rester devant elle et à contempler un torrent dont les eaux grisâtres et écumeuses courent grossies et affolées par cette pluie même que nous maudissons depuis deux heures. Voilà un commencement de consolation ; voilà de belles choses que nous voyons très bien, et cette après-midi n'a donc pas été stérile pour notre curiosité de touristes. Remontés en voiture et forcés, hélas! de nous calfeutrer, nous nous sentons pourtant de meilleure humeur, et à dix heures du soir, le grand hôtel de Vossevangen et un bon souper, arrosé de clicquot pour célébrer la fête d'une de nos aimables compagnes de voyage, achevèrent de nous rendre le courage et la gaieté.

Chacun de nous, le lendemain matin 22 août, employa comme il lui plut les premières heures du jour. Je visitai seul la petite ville de Vossevangen, les bords du lac, une cabane où l'on me montra quelques ustensiles peu artistiques, selon moi, mais assez singuliers, assez norvégiens pour que de temps à autre des touristes anglais les achètent. A dix heures nous remontâmes en voiture, et bientôt nous vîmes s'ouvrir et s'étendre sous nos pieds l'étonnante vallée du Skjervet. On y descend en suivant de nombreux lacets, et depuis le moment où on l'embrasse d'un coup d'œil jusqu'à ce qu'on en atteigne la dernière profondeur, on passe par tous les degrés et tous les transports de l'admiration. Des deux côtés s'élèvent des rochers dont les sommets gris forment de gigantesques murailles, mais dont le milieu et la base verdoient sous une végétation luxuriante. A gauche, un torrent, le Skjerveselv, rencontrant un de ces rochers, le franchit en deux bonds, et chaque fois change d'aspect; c'est d'abord un voile blanc qui s'étale et tombe; puis, un seul jet, épais et serré, qui se précipite. Quand, remis de cette double chute, appelée dans le pays Skjervefos, le torrent commence à se calmer un peu, il promène, de détour en détour, une eau brune que, dans son passage sur le plateau, deux lacs marécageux ont assombrie. La route franchit le Skjervet sur un pont, et, touchant presque alors le fond de la vallée, le voyageur voit se dresser, entre des blocs de granit innombrables, des pins, des hêtres, des bouleaux plus nombreux encore. Le Skjerveselv se dilate en un lac, puis se resserre en un défilé sauvage, et se rouvre tout à coup en formant un fjord. Le lac s'appelle Gravensvang, le fjord Gravensfjord; nous voici au petit port d'Eide, rendez-vous des touristes que ce merveilleux pays attire.

Il est une heure et demie; durant ce dernier trajet, nous avons eu des nuages, et même un peu de brume; mais les nuages sont restés si haut et la petite pluie s'est montrée si discrète que pas un détail du paysage ne nous a, cette fois, échappé.

Il n'en fut pas de même dans l'après-midi. Les nuages s'abaissèrent peu à peu, de grosses gouttes tombèrent, et quand il cessa de pleuvoir, un brouillard épais se fixa partout. Embarqués à cinq heures et demie sur le Gravensfjord, nous naviguâmes au sein d'un crépuscule où nos yeux soupçonnaient à peine la présence de sommets neigeux, de glaciers et de cascades; le guide Baedeker et les cartes géographiques dont il est orné nous apprirent seuls dans quelle direction l'on nous conduisait; et quand nous arrivâmes à Odde, au fond du Sörfjord, nous ne pouvions nous rappeler aucune forme distincte aperçue durant ce dernier parcours. Il était alors huit heures et demie; ces heures de trajet n'avaient été employées qu'à nous déplacer; mais nous en prîmes notre parti beaucoup mieux que la veille. Nous nous accoutumions aux inconstances du ciel norvégien, et n'ayant rien vu ce soir-là, nous en concluions que, par une alternative nécessaire, nous verrions beaucoup le lendemain.

Et ce fut vrai : le 23 août, deux magnifiques excursions réussirent et nous laissèrent les souvenirs les plus précis. A neuf heures du matin, nous gagnons à pied l'embarcadère d'un petit bateau à vapeur qui nous transporte au delà du Sandvenvand. Nous abordons au milieu de cabanes et de vergers, et nous poursuivons encore à pied notre route vers le Buar-Brae, glacier considérable qui revêt une des croupes du massif dit Folgefond. Ce glacier est là, devant nous; il n'y a qu'à cheminer vers un sentier très large, parfaitement tracé et qui, sans nulle peine, traversant le torrent du Jor, serpentant au milieu des rocs, des arbres, des prairies, nous amène, vers onze heures, sur un petit plateau couronné d'une modeste auberge.

Ici, nous ne sommes plus qu'à deux pas du glacier, dont la nappe blanche descend très bas près de nous, et s'élève très haut jusque dans les nuages où elle se perd. Pour traverser ce glacier, nous n'avons point de guide; aussi chacun de nous tourne-t-il autour, montant par où il peut, et s'arrêtant lorsque la fatigue est trop grande ou qu'un obstacle infranchissable se dresse sous ses pas.

Durant cette ascension, je voyais distinctement les grosses lames de glace briller d'un éclat bleuâtre, les crevasses bâiller, larges ou étroites, et les moraines, amas de ternes graviers et de terre grise, border et quelquefois interrompre par de vilaines taches les belles surfaces où la lumière se joue. Je connaissais déjà ces phénomènes, les ayant vus aux glaciers du Mont-Blanc et de Montanvers, et lorsque ici la route me fut barrée par un torrent qui court se joindre au Jor, je redescendis sans mauvaise humeur; ce n'était pas pour moi une grande privation de ne pouvoir côtoyer plus loin ces champs de glace des montagnes norvégiennes.

J'en avais observé et même traversé bien d'autres en Savoie! Je rentrai donc paisiblement à l'auberge et j'y pris un grog; mais à peine étais-je attablé, qu'un de mes compagnons, revenant de sa promenade, me dit : «Avez-vous vu la grotte sous le glacier?» — Non, lui répondis-je. — «Eh bien! c'est le plus beau.» Ah! pardieu, m'écriai-je, il faut que je la voie aussi. Et laissant là mon verre à demi vidé, je ressortis et me précipitai, par un sentier assez commode, vers le point le plus bas où s'arrêtait cette coulée de glace.

Là je vis, en effet, une vaste cavité, au dôme arrondi, soutenue par de blancs piliers d'une glace transparente, et éclairée d'en haut et latéralement par une lumière bleuâtre comme si la lune y glissait ses rayons. De cette demeure sous-glaciaire et mystérieuse, une rivière écumante sortait à gros bouillons; c'était le Jor qui, s'élançant dans la vallée, gagnait en toute hâte le lac d'où nous étions venus.

Mon compagnon avait eu raison de me dire que la merveille du glacier de Buar était cette grotte; celle qui se voit chez nous sous le glacier des Bossons est à la fois plus artificielle et plus petite. On peut y entrer, il est vrai, y faire plusieurs tours, tandis que la grotte du Buar-Brae est impénétrable, ou du moins dangereuse à l'intérieur; mais pour qui cherche le plaisir des yeux, il n'y a point de doute : la grotte du Buar-Brae est de beaucoup la plus belle.

Revenus à pied, par le même chemin, au bord du Sandvenvand, nous le repassons en bateau à vapeur et nous trouvons des voitures toutes prêtes sur l'autre rive. Une route carrossable suit le lac, qui se rétrécit, s'allonge et devient une rivière. Nous roulons sur cette route enchantés tour à tour par les merveilles de la terre et des eaux. Les cascades surtout nous ravissent, tant elles sont hautes, diverses, accidentées! Près de Hildal, par exemple, un torrent, après avoir couru sur la crête d'une montagne, arrive au bord, et de tout son poids tombe dans le vide; mais à mi-chemin se trouve une roche de granit énorme, rectangulaire, inclinée vers la droite; une partie de ses eaux y rebondissent et la dépassent; le reste glisse à droite sur la pente, se divise en longs fils, puis en réseaux d'argent, et rejoint tout en bas la colonne victorieuse qui, après avoir sauté un premier gradin, en a rencontré un second et a dû, malgré sa puissance, se subdiviser à son tour. Cette cascade, nommée Hildalsfos, se voit très bien de la route, mais s'entend à peine. Un peu plus loin, après avoir monté, un grand bruit confus frappe nos oreilles : « Nous arri-
» vons, dit le chef de la caravane; c'est la belle cascade
» du Lotefos. »

Nous arrivions, en effet; mais au lieu d'une, ce furent trois cascades qui nous stupéfièrent. A notre gauche, autour d'un grand cône hérissé d'arbres, deux torrents, qui descendent, le Lote et le Skar, courent l'un vers l'autre, comme pressés de se réunir : un grand cône les en empêche encore ; ils continuent de courir, de tomber, lançant de toutes parts leur écume qui rejaillit en haut sur les rocs et sur les bois. C'est la lutte d'un amour contrarié, mais indomptable. Enfin, au pied du second cône ils se rejoignent, et le mouvant tableau qu'ils nous offrent avant leur union peut se diviser en deux parties presque égales : le Skarfos et le Lotefos. Ce dernier nom prévaut, mais en réalité deux cascades existent, voisines l'une de l'autre, avides de ne faire à elles deux qu'un seul torrent. Et en face d'elles, une troisième, haute, isolée, superbe, tombe en gerbes blanches, abondantes, mais moins tourmentées ; c'est l'Espeland, auquel il ne manque, pour attirer la même attention, que de rencontrer les mêmes obstacles ; s'ils se dressaient devant lui, il les combattrait, n'en doutez pas, avec une fureur aussi belle et aussi puissante. Mais quelle bonne journée, mon cher ami, que celle où tant de belles choses, heureusement rapprochées, nous ont été montrées en si peu de temps !

Après nous être arrêtés trois quarts d'heure au Lotefos et avoir fait une bonne collation à l'auberge voisine, nous regagnons Odde par la même route. Là nous soupons très agréablement, et la soirée se passe, suivant les goûts, les âges et les talents, à danser, à regarder les danses, à fumer, à lire, à causer, à entendre chanter au piano des mélodies norvégiennes ou anglaises. J'avoue que le temps, cette fois, me parut un peu long ; il me tardait d'être logé sur le bateau et d'y pouvoir reposer ma fatigue. Enfin, à minuit, sur une cale étroite et mal éclairée, d'où nous risquions, au moindre faux pas, de tomber dans l'eau, on procéda à l'embarquement pour Bergen. « Voymiques ! » cria le chef de notre caravane. A ce mot, qui est l'abrégé de *Voyages économiques*, notre petite escouade se réunit. Chacun de nous tenait à la main son léger bagage. En une minute nous passâmes sur le navire; en trois, la répartition des cabines s'accomplit; tout était retenu, préparé, convenu d'avance, sans avoir eu à nous occuper de rien. Au bout d'un quart d'heure, nous pouvions tous être logés, déshabillés, endormis comme je le fus moi-même. J'avais grand besoin de sommeil, et ce besoin fut pleinement satisfait.

Le 24 août, à sept heures et demie, je me lève, je m'habille, et je vois que, sous un beau soleil, notre navire traverse le Hardanger-Fjord. Panorama splendide et infiniment varié. Ici des montagnes majestueuses et les énormes glaciers du Folgefond; là des eaux tranquilles, de petits villages, des ports animés, mais peu imposants. Ces ports reçoivent de nous quelques voyageurs et nous en donnent d'autres; des norvégiennes en coiffe blanche, en corsage rouge, montent sur le bateau. Vers deux heures les passages se resserrent; les îles, de toute grandeur et de tout aspect, pullulent sur les eaux; nous sommes dans les parages de Bömmel et de Godö. Un peu plus tard, je fais une petite sieste; quand je me réveille, vers six heures du soir, et que je remonte sur le pont, je vois le bateau s'avancer sous une brise froide entre des rochers granitiques de physionomie très sévère. A six heures et demie nous entrons dans le port de Bergen, et à sept heures nous sommes logés à l'hôtel Norge. Nous nous y trouvons d'autant mieux que, durant le trajet du port à cet hôtel, la brise froide a cessé, l'air s'est même attiédi et la pluie tombe.

Ici, comme à Christiania, je trouve des lettres où l'on me raconte qu'en France il ne peut pas pleuvoir. Je regrette vivement que le bon Dieu ne me permette pas d'envoyer chez nous, au pays, une bonne moitié au moins des nuages de Norvège, surtout quand nous sommes dans les montagnes; car les villes, en temps de pluie, nous abritent et nous amusent encore; elles nous offrent leurs monuments, leurs collections, leurs concerts, leurs lieux d'assemblée; mais quel désappointement, quelle tristesse en face des montagnes cachées par les averses ou par le brouillard!

A Bergen, nous reprenons la partie de nos bagages envoyée par mer de Christiania et qui, grâce à cette précaution, ne nous a pas gênés dans toutes nos courses. Mais à Bergen aussi, nous lisons des journaux qui nous apprennent que le choléra est à Hambourg, et qu'on prend déjà en France des mesures pour l'empêcher de passer la frontière. Cette nouvelle jette un froid parmi nous, et quelques-uns parlent de retourner sur le champ dans leurs familles. Le chef de la caravane les calme de son mieux; moi qui, je ne sais pourquoi, n'ai jamais beaucoup redouté cette maladie, j'insiste pour qu'ils ne se hâtent pas ainsi de nous quitter. Enfin il est convenu qu'ils vont envoyer des dépêches et se détermineront d'après les réponses qu'on leur fera.

Dans la matinée du 25 août, jusqu'à onze heures, chacun de nous emploie son temps comme il lui plaît. Malgré la pluie qui par intervalles tombe à torrents, je fais une première excursion en ville. La partie que nous habitons est très élevée; c'est le sommet d'une des sept collines où Bergen se vante d'être construite. Notre quartier et ceux qui le touchent de plus près sont formés de squares et d'avenues bien bâties; un peu plus vers le centre, les rues sont encore larges; la grande place ou Torv assez imposante; dans les magasins qui l'environnent, il règne un certain éclat vraiment moderne; je trouve à la librairie Bennett des photographies très variées et des livres danois, norvégiens et anglais. Du milieu de cette place, j'aperçois de hautes montagnes qui serrent la ville d'assez près pour qu'en se promenant ou en s'occupant de ses affaires tout bourgeois ou boutiquier puisse voir des cascades tomber à travers les pins et les bouleaux.

En descendant, l'aspect change; les maisons ne sont plus construites en pierres ou en briques; elles sont de bois jaunâtre et couvertes de tuiles rouges; ces espèces de baraques à toitures aiguës se serrent autour du port ou s'alignent en rues étroites; je les avais déjà remarquées la veille, dès les premiers moments de notre arrivée; je les vois mieux ce matin, mais l'impression est la même. Bergen, avant qu'on ait atteint ses hauts quartiers, semble un grand village de pêcheurs, compact et vivant, dont le centre reçoit des flottilles chargées de poisson qu'il renvoie préparé, desséché, encaqué, à l'Europe et à l'univers.

Il est onze heures quand je rentre à l'hôtel Norge; là, je me joins à mes compagnons pour visiter le musée de la ville.

Les naturalistes doivent s'intéresser à cette collection, où les animaux marins de la Norvège sont bien représentés; les archéologues y trouveront encore des portes d'église en bois sculpté, des antiquités préhistoriques, des bijoux anciens; quant aux amateurs de peinture, ils feront mieux de s'adresser à la Société artistique (Bergenske Kunstforening) ou de visiter la galerie de tableaux qui appartient en propre à la ville; mais leur satisfaction, en somme, sera médiocre. La grande curiosité de Bergen, celle qui mérite à elle seule le voyage, c'est le Tydskebryggen, ou quai Allemand, bordé d'une longue file de magasins en bois, peints de couleurs claires, où le jour entre par de grandes fenêtres et où chacun a devant sa façade une grue pour décharger le poisson. Là résidaient jadis les marchands de la Hanse, bourgeois allemands venus de Lubeck, de Brême, de Hambourg, et auxquels il était défendu (chose singulière) de se marier en pays étranger.

La première de ces maisons de marchands, transformée aujourd'hui en musée hanséatique, renferme des appareils à éteindre les incendies, des armes, des lanternes, des ustensiles qui datent en grande partie du temps de la Hanse. Au rez-de-chaussée étaient jadis les magasins; au premier étage les bureaux, la salle à manger, la chambre du représentant de la maison de commerce, qui couchait dans une véritable armoire; au second étage, les chambres des employés et des domestiques. Tout cela nous semble petit, mal éclairé et sans aucun ornement vraiment artistique; mais il est toujours intéressant de voir comment ont vécu des générations actives, intelligentes, qui jadis appelèrent la richesse sur des points comme Bergen, où elle continue d'affluer.

La cathédrale, contruite au XIIIe siècle, rebâtie en 1537, restaurée en 1870, offre de belles fenêtres et un assez beau portail; l'ancienne église allemande de Sainte-Marie a un remarquable autel gothique et une chaire sculptée au seizième siècle. A l'extrémité du port, la tour de Walkendorf, contenant un petit musée d'armes, nous fait jouir d'une vue magnifique sur la ville, mais le Kongshallen, ou salle des rois, œuvre du treizième siècle, n'étant pas encore entièrement restaurée, l'entrée ne nous en a pas été permise. Pendant toutes ces visites, la pluie ne cessait guère; elle nous laissa néanmoins un moment de répit pour monter, en glissant plus d'une fois dans la boue, au poste-vigie du télégraphe et à la Girouette de fer, ou Flöjen.

Voilà un beau coup d'œil, bien plus étendu que celui de la tour de Walkendorf. Une longue presqu'île couverte de maisons jaunes à toits rouges; à droite, le port et les vieilles maisons de bois hanséatiques; en avant, le Byfjord; à gauche, le Puddefjord, golfe profond qui pénètre jusqu'aux montagnes; et la grande mer au loin, et tout près ces fières hauteurs d'où tombent les cascades qui ce matin m'ont vivement frappé. Tel est le spectacle offert à nos regards et suffisamment aperçu entre deux ondées, sous un ciel barbouillé de nuages gris ou blafards, tout échevelés et prêts à tomber sur nos têtes.

L'air de plus en plus tiède, et que nul courant n'agite, laisse s'amonceler ces laides vapeurs; la pluie recommence et nous reconduit jusqu'à l'hôtel où, vers six heures et demie, nous sommes tous rentrés. A onze heures, avec le même ordre et la même promptitude qu'à Odde, mais sur une cale autrement spacieuse et éclairée, nous nous embarquons pour Molde où nous dirons adieu aux montagnes norvégiennes.

Cette fois notre bateau, qui a nom *Mira,* n'est pas seulement commode, il est magnifique : beaux meubles, beaux salons, beaux tapis, rien n'y fait défaut. La cabine, que je partage avec un de mes compagnons, rassemble dans un espace forcément restreint tout le confort qu'un voyageur peut désirer. Avant de m'endormir, je réfléchis. Bergen, que nous venons de voir, est la seconde ville de Norvège; elle n'a pourtant que cinquante-trois mille âmes, mais elle est riche; elle a vu naître au XVIIe siècle le grand poète comique Holberg, et elle passe pour aimable, gaie, intelligente. Eh bien! elle est encore plus lasse que Christiania de l'union établie en 1814 entre la Norvège et la Suède. Il ne lui suffit pas que la Norvège ait son armée, son ministère, son parlement distincts: elle voudrait voir résider à l'étranger des ambassadeurs norvégiens qui ne représenteraient pas en même temps la Suède. Il y a là, selon les gens de Bergen, deux nations différentes qui n'ont rien à faire ensemble, qui ne devraient pas même paraître unies, mais se séparer franchement aux yeux de l'univers; et si l'on ne trouve pas de roi qui veuille gouverner la Norvège toute seule, on s'en passera et l'on se mettra en république.

Telle est, à en croire notre cicérone d'aujourd'hui, l'opinion du peuple et même des plus riches négociants de Bergen; or, ces guides d'hôtels, qui savent plusieurs langues, qui ont parcouru beaucoup de pays, visé successivement plusieurs buts différents, raté les unes après les autres toutes leurs entreprises, passé malgré eux de la bourgeoisie au rang de domestiques sans tablier, valent d'ordinaire la peine qu'on les écoute pour apprendre ce qui se dit en haut et en bas.

Donc, en Norvège, et surtout à Bergen, on se plaint de la Suède; on demanderait volontiers, non pas la guerre avec elle, mais le divorce..... Reste à savoir si l'on pourra divorcer sans guerre.

III

DE BERGEN A TRONDHJEM

Je rêvais à tout cela vaguement, comme un homme un peu fatigué, qui connaît mal d'ailleurs les choses auxquelles il pense; et durant ma rêverie j'entendais des voix confuses, mais calmes, un grondement de machines, un cliquetis de chaînes. C'étaient les matelots de la *Mira* qui, à l'aide de grues, remplissaient de ballots et de caisses les flancs profonds et larges de notre navire. A minuit nous chargions encore et nous restions amarrés au quai de Bergen. Aussi je m'endormis avant le départ qui, me dit-on le lendemain, n'eut lieu qu'à deux heures.

Il en était près de huit, le 26 août, quand je remontai sur le pont. Le temps était beau, et la vue portait à une grande distance. Nous naviguions parmi des îlots rocheux, bizarres de forme. Les plus voisins de la côte verdoyaient davantage, et pour la plupart semblaient habités; les autres, gris, arides, déserts en apparence, bosselaient de leur relief étrange la surface de cette mer aux bras innombrables.

Vers une heure et demie après midi, au moment où nous traversions un espace plus large, un commencement de roulis et de tangage se fit sentir. A deux heures, on sonna le dîner; je m'y rendis en chancelant et en m'appuyant aux murs; je mangeai une assiettée de soupe et un plat de poisson, que je gardai très bien, mais il me fut impossible d'en faire davantage; la tête me tournait, ou plutôt elle était serrée comme dans un cercle; je quittai la table et me couchai sur un des beaux divans qui entouraient le salon. J'essayai de lire, mais je souffrais de la tête, sans éprouver le moindre mal de cœur. Enfin je renonçai à tout effort et je fermai les yeux; dès ce moment je ne souffris plus; en cédant au mal, je l'avais guéri.

Nous ne tardâmes pas d'ailleurs à quitter la haute mer et à rentrer au milieu des îles. Sur deux d'entre elles est bâtie la petite ville d'Aalsund qui compte plus de huit mille habitants, et dont les rues étroites, les maisons de bois ont un air d'aisance et de bien-être. Elle renferme plus d'un négociant enrichi par la pêche et la vente de la morue. Nous y descendîmes vers six heures, et nous eûmes le temps d'aller sur une petite colline jouir d'une très belle vue de mer et de montagnes. L'un de nous put aussi faire raccommoder ses chaussures par un brave cordonnier d'Aalsund.

Nous regagnâmes le navire au bout d'une heure, et après y avoir soupé à huit heures et demie, nous donnâmes encore un coup d'œil au soleil couchant. Vers onze heures et quart, par une nuit sans lune, nous arrivions à Molde, et un petit bateau à vapeur spécial nous amenait au Grand-Hôtel de cette station. A minuit, nous trouvions nos chambres et le repos.

Le lendemain 27 août, levé à sept heures et demie, j'admire de ma fenêtre un panorama de montagnes qui me rappelle ceux de Pau et de Berne. Assurément les sommets norvégiens sont beaucoup moins élevés que les Pyrénées ou les Alpes; le plus haut ne dépasse guère 2,700 mètres, et on ne l'aperçoit pas d'ici. Ce que l'on voit en se tenant sur la terrasse du Grand-Hôtel de Molde, c'est le Lanparen qui a 1,442 mètres, le Troldtinden qui s'élève à 1,541 mètres, le Romsdalshorn à 1,514 mètres, le Vengetind et le Skjorta à 1,713 mètres. Mais la proximité du pôle et la rigueur du climat conservent la neige et les glaciers à moins de mille mètres d'altitude au-dessus du niveau de la mer, et à Molde, comme sur beaucoup d'autres points, le spectateur, étant lui-même à ce niveau, ne perd rien de la hauteur des montagnes qu'il aperçoit.

Le 27 août au matin, c'est vers le Romsdalshorn et vers la vallée dont il porte le nom que nous nous dirigeons en partant de Molde. Il faut d'abord en bateau à vapeur traverser un fjord très pittoresque et gagner le hameau d'Andalnaess, situé, comme le mot *naess* l'indique, sur un promontoire. Le bateau qui nous porte est assez petit et médiocrement confortable, mais le temps est superbe, et de larges pans de ciel bleu s'étendent au-dessus de nous.

Un vieux musicien ambulant, qui espère une aumône, racle du violon. Nous sachant français et voulant nous plaire, il écorche la *Marseillaise*, comme l'a fait, il y a douze jours, un joueur d'ophicléide pendant que nous visitions le château d'Oscarshall. Là-bas nous nous sommes contentés de jeter des sous au mendiant; ici, voyant un de nos compagnons, compositeur et violoniste (vous vous en souvenez), jeter sur le violon un œil de convoitise, nous l'exhortons à emprunter cet instrument et à rompre le long jeûne musical qu'il vient de subir. Ainsi dit, ainsi fait; sur ce violon prêté, notre compagnon joue de fort beaux airs : chants d'opéra, mélodies de Gounod, variations de Vieuxtemps; puis il montre au mendiant comment doit s'exécuter la *Marseillaise*. Une quête fructueuse récompense le pauvre diable d'avoir laissé manier son violon et son archet à un plus habile, et quand il veut reprendre la *Marseillaise*, nous constatons avec plaisir qu'il la joue moins mal. Les Norvégiens présents, bourgeois ou campagnards, ont écouté d'un air recueilli et charmé la bonne musique de notre compagnon; mais celle du mendiant leur est plus familière; elle leur rappelle des chansons qu'ils ont chantées, des danses auxquelles ils ont pris grand plaisir; ils la préfèrent, je crois, parce qu'ils la comprennent mieux.

Cependant le bateau avance sur le fjord; de hautes montagnes semblent venir au-devant de nous, verdoyantes à leur pied, neigeuses à leur sommet, et dans l'intervalle hérissées de rochers sombres. Les contrastes ici sont très vifs; cette herbe fraîche, ce granit aux teintes obscures, cette neige immaculée, cette végétation opiniâtre entourant ces masses dures et inorganiques, cherchant à les conquérir et à s'y enraciner, tout cela frappe les yeux, exalte l'imagination. Quelle lutte entre les forces qui veulent enfanter la vie et celles qui lui défendent de naître ou de se développer! En cette saison, le combat est bien visible, mais il ne le sera pas toujours; la neige et la glace reprendront le dessus; ce blanc linceul d'hiver, que le printemps a soulevé, retombera dans quelques semaines sur toute la région des montagnes.

Émus et charmés de si grands spectacles, nous atteignons Andalnaess vers deux heures, déjeunons fort bien au petit hôtel Bellevue, et à trois heures et demie remontons dans des voitures que nous trouvons là sans savoir comment et sans nous en être occupés. Tout près est le Romsdal, vallée célèbre pour laquelle nous nous sommes détournés sur Molde et dirigés ensuite vers Andalnaess. Elle est bien digne de ce détour et de cette visite; elle a tous les charmes des autres vallées avec une âpreté plus étrange et plus sauvage. Tout le fond est couvert de rocs éboulés, qu'une libre végétation surcharge et décore; au milieu des aunes, des bouleaux, des frênes, la Rauma court impétueusement, blanche d'écume et verte comme pré. Les montagnes qui l'enserrent sont superbes; le Romsdalshorn, monstrueuse corne de granit, domine et menace toute la contrée; voici maintenant les Troldtinder, ou pics des Sorcières, d'où tombent en hiver les avalanches et les débris. Et cette crête dentelée, qui s'avance, recule, puis fait une nouvelle saillie, comment croyez-vous qu'on l'appelle? Le château fort? la tour? les créneaux? — Non, mon cher ami; une idée tout autre, passant par le cerveau des Norvégiens, leur a suggéré le nom de Brudefölget, ou *Cortège de la mariée,* sans doute parce que ces pans granitiques sont à la file et que chacun d'eux semble porter une couronne. Un peu plus loin, la cascade de Mongefos tombe de six cents mètres sans que la hauteur de sa chute la divise à peine. En avançant, nous en voyons six autres encore; puis, à l'entrée de la nuit, le Vaermofos, tombant de trois cents mètres, et enfin, à neuf heures du soir, nous descendons à l'auberge d'Ornjem.

Pendant le trajet, une petite menace d'accident nous a émus; la voiture des dames, mal conduite et penchant à gauche hors de la chaussée, a failli verser sur une herbe assez épaisse. Le chef de la caravane, sautant en bas du siège de l'autre voiture, a ramené les chevaux qui s'écartaient, grondé en anglais le cocher endormi, saisi les rênes à sa place et calmé toutes les alarmes.

Nous arrivons ainsi très contents à Ornjem, mais là nous trouvons une auberge un peu primitive et incommode, où les escaliers ressemblent à des échelles. Généralement il n'en est pas ainsi; les hôtelleries, dans les montagnes norvégiennes, sont agréables, parfois somptueuses; un seul défaut paraît commun à toutes, c'est l'éloignement où certains réduits indispensables sont relégués. S'il vous faut y aller la nuit, qu'il fasse froid, que vous soyez malade, tant pis pour vous! sortez du bâtiment principal, traversez une cour, franchissez un espace de soixante à cent mètres, et si, comme à Ornjem, cet espace est une avenue bordée à droite par un précipice, gardez-vous bien de laisser éteindre votre bougie; un faux pas, ou seulement un écart sur le côté, vous enverrait rouler au fond du torrent que vous avez tant admiré en venant ici. Vraiment je m'étonne que les Anglais, si nombreux et si dominants en Norvège, n'aient pas forcé les gens du pays à changer tout cela et à placer les closets, comme en Angleterre, dans la même maison que les chambres.

Il y a bien aussi quelque péril à construire tout en bois une habitation; en un instant le feu peut y prendre et tout dévorer. De là vient que, dans les auberges norvégiennes, on lit souvent trois mois danois qui veulent dire: « Prenez garde à la lumière! » De plus, à chaque fenêtre est attachée une corde, que vous déroulerez en cas d'incendie, à laquelle vous vous suspendrez, et qui vous sauvera... si vous avez appris d'avance à vous en servir. Heureusement, mon inexpérience et ma maladresse ne furent pas mises à une telle épreuve; aucun de mes compagnons, non plus, ne dut se livrer à cette gymnastique, et dans l'auberge d'Ornjem, comme partout, la nuit se passa sans alarmes.

Le lendemain, 28 août, à dix heures du matin, nous remontions en voiture, repassions par la même route et jouissions, une seconde fois, de toutes les merveilles du Romsdal. Revenus à Andalnaess vers trois heures et demie, nous dînâmes au Grand-Hôtel, et, jusqu'à cinq heures, nous attendîmes, en causant au salon ou en nous promenant, le départ du bateau à vapeur pour Molde.

Notre dernière excursion dans les montagnes était achevée, et peut-être, mon cher ami, allez-vous me demander, à cette occasion, ce que je pense de la karyol norvégienne, décrite par Xavier Marmier et par Baedeker. Je vous répondrai que je n'en pense rien, ne m'en étant jamais servi et ne me souvenant même pas d'en avoir vu. La karyol que mentionne Baedeker, à la page XXI de son Guide en Suède et en Norvège, est une petite voiture pour une seule personne. Or, nous étions neuf, et le plus simple était de prendre deux landaus, dont chacun contenait quatre d'entre nous, un neuvième tour à tour se plaçant près du cocher. Peut-être a-t-il passé des karyols à côté de nous; je ne crois pas pourtant en avoir remarqué;

les plus petites voitures que j'aie vues contenaient au moins deux personnes.

Nos cochers furent souvent de très jeunes garçons, de dix à douze ans, mais jamais de jeunes filles. Ces enfants quelquefois étaient deux ensemble. Dans les descentes ou dans les endroits unis, l'un tenait les rênes et tous deux causaient. Dès que la montée devenait un peu raide, ils nous invitaient à descendre, et descendaient eux-mêmes avant nous, tenant les rênes et s'en servant à pied pour conduire les chevaux.

Deux petits bidets, ordinairement roux ou café au lait, étaient attelés à chaque voiture. Ils trottaient assez bien, mais je crois qu'ils mangeaient trop d'herbe mouillée. Nous nous en aperçûmes à certains bruits et à certaines odeurs qui, dans les prairies de Skogstad particulièrement et durant les journées humides où nous cheminions vers Nystuen et vers le Laerdal, nous gênèrent quelquefois tout en nous faisant rire.

Dieu sait, du reste, si nous avons ri dans nos landaus. Que d'anecdotes, de citations plaisantes, de gais refrains, et même de calembours! Quelle mémoire prodigieuse permettait à l'avocat de nous raconter tout un long procès (choisi toujours parmi les plus piquants) ou de nous répéter des scènes, je devrais dire des actes entiers de comédies! Et le secrétaire, et le musicien, qui se trouvaient constamment dans la même voiture que moi, avaient aussi bien des choses à m'apprendre sur l'administration, sur les hommes du jour, sur les artistes. Mes compagnons et moi, dans nos sentiments et nos goûts, nous différions assez pour discuter souvent, et nous avions, d'autre part, assez de ressemblances pour nous entendre et pour jouir des mêmes plaisirs. De là une assurance intime que nous nous trouverions toujours bien en landau et ne regretterions jamais la karyol solitaire. Ce furent donc, cette dernière fois encore, des landaus qui nous ramenèrent à Andalnaess, en repassant par le sublime Romsdal.

Le soir, vers cinq heures, un bateau à vapeur nous reprit pour nous transporter de nouveau au Grand-Hôtel de Molde. Cette seconde traversée du Molde-Fjord eut, comme la première, son épisode musical, une dame anglaise ayant bien voulu prêter un violon au virtuose français de notre petite troupe. Une compagnie plus nombreuse, moins indigène et plus relevée que celle de la veille, revenait avec nous vers Molde. Je me rappelle, entre autres, un jeune Français qui nous donna des détails très particuliers sur la Norvège et qui paraissait fort bien la connaître. Je lui enviais son savoir, ses souvenirs; je me demandais pourquoi le chef de notre caravane ne nous avait pas fait pénétrer dans le *Jotunheim* et pourquoi nous n'avions visité qu'un seul glacier. Mais le jeune homme finit par nous apprendre que depuis près de quatre mois il parcourait le pays tout à loisir et qu'il y avait déjà dépensé plus de six mille francs! C'était là une réponse péremptoire à mes objections: du moment que je ne voulais ou ne pouvais pas consacrer à la Norvège quatre mois et six mille francs, je me trouvais heureux d'y avoir vu tant de choses en si peu de jours, à si peu de frais, et sans nul débat ni souci.

Rentrés un moment, vers sept heures et demie, au Grand-Hôtel de Molde, nous nous rembarquâmes à onze heures pour Trondhjem. Le paquebot qui nous reçut ne valait point la *Mira*, mais il était encore assez commode. A quatre heures du matin, le lundi 29 août, nous entrâmes en pleine mer: le tangage et le roulis se firent bien sentir; ma montre, posée sur une petite table, tomba par terre, mais comme j'étais couché, je n'éprouvai aucun malaise.

A sept heures, j'allai sur le pont et je promenai mes regards autour de moi. Nous étions arrêtés dans le port de Christiansund, trop loin du quai pour pouvoir descendre à terre, assez près pour être abordés par une foule de canots et pour juger que la ville doit être importante. Pendant deux heures encore les cordes et les machines ronflèrent, et les cavités de notre bateau étant ouvertes, de nombreux ballots entrèrent ou sortirent. Puis, vers neuf heures, nous reprîmes notre course sur une mer plus calme, et comme fermée à droite et à gauche par des roches grises et monotones. L'une d'elles, énorme et à peine revêtue d'une couche très légère de pâle verdure, resta longtemps en vue et me rappela ces mots de Virgile :

..... *Mediis in fluctibus aras,*
Dorsum immane mari summo.

(des autels dressés au milieu des flots; une croupe immense à la surface de la mer). Malgré l'uniformité du paysage, je ne m'ennuyais pas : armé de trois dictionnaires, dont le premier avait été acheté en France, le second à Göteborg et le troisième à Bergen, je déchiffrais le *Faust* allemand de Goëthe et les journaux norvégiens ou suédois qui jonchaient la table du salon.

Je rassemblais aussi mes souvenirs, rédigeais des notes et réfléchissais sur cette Norvège que nous allions bientôt quitter. A bord de la *Mira,* deux jours auparavant, j'avais lu, traduit en anglais, le drame d'Ibsen qui a pour titre: *Hedda Gabler*. Y a-t-il beaucoup de Heddas en ce pays? Est-on exposé, me demandais-je, à y rencontrer souvent des femmes pareilles, qui jouent avec des pistolets, impatientes de s'en servir pour rompre quelque destinée humaine ou pour enfreindre quelque grande loi sociale? Y trouve-t-on aussi beaucoup d'Eilerts, jeunes hommes de talent livrés à la débauche, s'enivrant de vins étrangers chez des courtisanes non moins exotiques, mais composant par accès des chefs-d'œuvre sous l'inspiration d'une femme modeste et dévouée? Parmi les Norvégiens qui m'entouraient, je ne croyais reconnaître aucun de ces deux types. Hommes et femmes me semblaient placides et bienveillants, un peu surpris de notre gaieté française, trop remuante et trop parleuse pour eux. Des ivrognes, je n'en ai guère vu en Norvège, et j'ai traversé bien des villages où la loi défendait, le dimanche, de vendre des spiritueux, même aux voyageurs. Les femmes les plus jolies que j'aie rencontrées depuis Göteborg étaient des Américaines ou des Anglaises; les Norvégiennes, au teint blanc et rose pâle, aux cheveux d'un blond très clair et presque blanc, n'avaient ni les yeux vifs ni les traits réguliers; c'étaient, pour la plupart, des figures plates et bonasses, mais qui respiraient l'honnêteté.

A Christiania, pourtant, j'ai cru voir quelques jeunes femmes se promenant le soir en quête de rencontres lucratives... Peut-être les ai-je jugées témérairement!

Les mendiants m'ont paru aussi rares que les ivrognes; un seul, le soir, m'a tendu la main à Christiania; et les deux musiciens ambulants dont j'ai parlé auraient peut-être le droit de dire qu'ils ne mendiaient pas, puisque avant de recevoir nos sous, ils avaient d'abord, bien ou mal, travaillé sur leurs instruments. Jamais dans les villages on ne nous a demandé l'aumône; jamais nos voitures n'ont été suivies par ces enfants ou ces vieux à voix dolentes qui supplient qu'on leur donne, sans rien offrir eux-mêmes. Souvent, il est vrai, nous apercevions un petit garçon ou une petite fille qui courait au-devant de nous, une écuelle de faïence en main; mais dans cette écuelle il y avait des fraises, des framboises surtout ou des groseilles, beaux fruits rouges de juin que la Norvège (je l'ai déjà dit) produit au mois d'août; et en prenant ces fruits, à la place desquels nous déposions dix öre (14 centimes) dans l'écuelle blanche, nous ne donnions pas, nous achetions.

Ces enfants de la campagne étaient propres en général et passablement vêtus. Autour de chaque cabane ouverte on en voyait toujours jouer quatre ou cinq, et nous aurions cru volontiers que les familles norvégiennes étaient nombreuses; pourtant les villages sont rares, les villes peu peuplées, et, si l'on ajoute foi aux statistiques les plus récentes, ce royaume norvégien, dont la superficie a 324,000 kilomètres carrés, ne compte pas même deux millions d'habitants. Peuple honnête, il me semble, et de tempérament calme, où les révoltes doivent couver longtemps avant d'éclater; peuple mal satisfait pourtant de sa situation présente et de son union avec la nation suédoise, qui le surpasse en nombre une fois et demie. Je me livrais à ces réflexions, quand j'entendis des voix harmonieuses s'élever à l'arrière du bateau. C'était une troupe de chanteurs aveugles qui voyageaient sous la conduite d'un directeur. Nous les écoutâmes avec un vrai plaisir, mêlé de pitié pour leur infirmité et pour la condition dépendante où elle les réduit. Nos compagnons norvégiens jouissaient davantage, parce qu'ils comprenaient les paroles et reconnaissaient les mélodies nationales, presque toutes graves et mélancoliques, dont leur enfance avait été bercée.

Ces aveugles furent contraints de se mettre à l'abri sous l'espèce de toiture qui couvrait une partie du pont; car avec l'inconstance habituelle au climat de Norvège, le temps changea, la pluie commença à tomber, et la température me parut froide; on me dit pourtant que le thermomètre se maintenait à huit degrés au-dessus de zéro. Déjà nous passions entre des collines rocheuses qui entourent une très large rade; nous laissâmes un îlot qui porte un fort, et sentant peu à peu nos regards attirés par de riants coteaux largement semés de villas, nous atteignîmes vers six heures le port de Trondhjem. On ne put jamais, à cause des autres navires sans doute, faire toucher le quai à notre paquebot ni appliquer une échelle à son flanc droit. Il nous fallut sauter d'une assez grande hauteur, en risquant de tomber à l'eau dans l'intervalle. Mais ce qu'on pouvait craindre n'arriva pas; chacun de nous sauta sans accident, et à six heures et demie nous étions installés au très bon hôtel d'Angleterre. C'est là que, pour la première fois, je lus à l'un de nos compagnons les notes arides, mais exactes, je vous l'assure, qui ont servi de canevas à cette relation.

La journée du lendemain 30 août est une des meilleures dont nous ayons joui durant ce voyage. Dès neuf heures du matin, nous montons à pied une colline de soixante-douze mètres, sur laquelle s'élève la forteresse deux fois séculaire de Christiansten. La ville entière s'étend à nos pieds, beaucoup plus grande que ne pourrait le faire supposer sa population de vingt-cinq mille âmes. Du haut des bastions gazonnés où flotte le drapeau norvégien, une presqu'île apparaît, entourée au sud et à l'est par les replis d'un petit fleuve, appelé Nid; au nord, ce fleuve forme encore un canal qui aboutit au fjord, et le fjord est très large et bordé à perte de vue par des collines rocheuses, grises et dénudées. Près de nous, au contraire, les coteaux sont verdoyants et semés au loin de villas. Ils me rappellent les hauteurs de Saint-Germain-en-Laye, bien que nulle forêt ici ne les couronne. Sur la presqu'île, la ville s'étale comme une grosse figue; ses toits rouges et ses maisons jaunes, moins nombreux et surtout moins serrés qu'à Bergen, donnent pourtant à l'œil une sensation presque pareille. Derrière les coteaux verts des montagnes nues s'élèvent, et à l'ouest, au delà de la ville, l'immensité du fjord, la petite île Munkholmen, fortifiée et battue des flots, la mer enfin, aperçue aux extrêmes limites de l'horizon, offrent avec les riants aspects, plus voisins de nous, un contraste plein de majesté.

Bientôt nous redescendons, nous repassons le Nid, et nous retrouvons ici, au bord de l'eau, ces magasins, ces entrepôts, ces maisons en bois qui donnent aux villes de Russie et de Norvège un air de baraquement provisoire. Nous traversons le marché aux fruits et aux légumes, et nous nous séparons quelques instants, pendant lesquels je vais acheter des photographies. Vers onze heures et demie, je me prépare à rejoindre mes compagnons, et, chemin faisant, je m'arrête à l'église luthérienne de Notre-Dame, où le sacristain, qui parle anglais, me montre des vases d'argent de la fin du XVIIe siècle et de petits pains sacrés, sans levain, ronds et blancs comme nos hosties catholiques. Enfin je retrouve notre caravane dans la cathédrale, magnifique monument construit de 1130 à 1320 sous l'influence d'artistes anglo-normands.

Ici tout prend un intérêt très vif. Comme plusieurs incendies survenus au moyen âge, puis l'introduction de la Réforme, puis la décadence de l'architecture religieuse ont successivement dégradé l'église, notre siècle, qui a le mérite de sentir et de comprendre le véritable art chrétien, a entrepris de la restaurer entièrement. Et depuis 1869 l'œuvre se continue; le Viollet-Leduc norvégien, M. Christie, dirige les travaux; l'État, la caisse d'épargne municipale et plusieurs riches particuliers pourvoient aux dépenses; la nation, quoique luthérienne, a juré de rétablir dans toute sa splendeur cette antique métropole où les rois de Suède, en vertu d'un article de la Constitution, viennent se faire sacrer rois de Norvège. Il reste encore bien des travaux à accomplir : au dehors on voit les débris d'un cloître qu'il faudra achever de démolir ou relever avec patience et résolution ; de plus, l'absence de la flèche, foudroyée en 1451, donne à l'ensemble un air lourd et tronqué. Au dedans, la nef, toute coupée d'échafaudages, semble un chantier, et l'on ne devine qu'à peine l'effet que produiront un jour ses arceaux en plein cintre ou en ogive ; mais quelles merveilles à la fois riches et pures que les deux chœurs et les chapelles du fond !

Dans le premier chœur, les colonnes de marbre blanc ressortent sur les murs de schiste grisâtre ; les unes n'ont qu'un seul fût, cannelé profondément ; les autres sont des faisceaux de piliers ; toutes portent des chapiteaux ornés d'élégants feuillages. Dans les hauteurs, de petites têtes et des figurines sculptées offrent les expressions les plus différentes : ici c'est un buste d'évêque, mitré, qui bénit ; là une tête de roi couronnée ; ailleurs des visages grimaçants, des chiens, des singes, des chats, des oiseaux fantastiques.

Le second chœur est un octogone, séparé du reste de l'église par des faisceaux de colonnes et par de riches arceaux ; il forme à lui seul une chapelle exquise, entourée d'une double enceinte. Quel plaisir de se promener sous ces voûtes, entre ces clôtures, et, comme dans une forêt touffue, d'y faire à chaque instant quelque découverte ! Plus d'une heure fut donc consacrée à la cathédrale de Trondhjem ; puis nous traversâmes le cimetière voisin, charmant comme tous ceux des villes norvégiennes, et le parc, et de longues avenues, bordées de haies et de maisons de campagne. Descendant ainsi peu à peu, nous cessons de voir les majestueuses montagnes grises, délicieusement masquées à nos yeux par les verts coteaux. Le soleil brille en ce moment et nous réchauffe, nous ne songeons plus que nous sommes à 63 degrés de latitude nord, bien plus haut sur la carte que Saint-Pétersbourg. Notre Baedeker seul nous le rappelle, et nous apprend aussi (ce que nous croyons sans peine) que, grâce aux dernières et tièdes poussées du Gulf-Stream, l'hiver de Trondhjem n'est pas plus rigoureux que celui de Dresde. Le Fjord ne gèle jamais, et le petit fleuve du Nid très rarement.

Après le déjeuner (ou dîner) de deux heures, nous sortons de nouveau et flânons comme il nous plaît Toutes les rues, même loin de notre hôtel, sont larges et bien alignées; j'achète des fourrures dans un beau magasin; j'admire l'élégance de la ville et des habitants; j'assiste, sur le port, à un éclatant coucher de soleil dans un ciel absolument pur, et rentrant vers huit heures, je retrouve à l'hôtel mes compagnons, enchantés comme moi de Trondhjem.

IV

DE TRONDHJEM A STOCKHOLM

Dès le 31 août, cependant, nous quittons ce joli séjour. Il est huit heures quarante du matin; le temps est très beau; le soleil rayonne sans obstacle; le train qui nous emporte, et qui longe le fjord, nous fait jouir encore, pendant plus de trois heures, des charmes de la nature norvégienne. Eh bien! le croiriez-vous? mon cher ami, devant ce golfe, ces ruisseaux, ces collines, nous nous mettons tout à coup à parler grammaire. Comment nous vint cette bizarre idée? Je ne m'en souviens pas très exactement. L'un de nous remarqua, je crois, que dans certaines réclames inscrites sur des murs, les Norvégiens avaient mis Kristiania. — «Pourquoi ce *K?* demanda-t-on; pourquoi pas *Ch?* Le nom de Christian IV, fondateur de Christiania, vient de Christianus, et chez nous s'écrit par *Ch* avec grande raison.»

Là-dessus, j'alléguai que plusieurs autres peuples avaient, comme les Danois et les Norvégiens, simplifié l'orthographe de mots dérivés du grec ou du latin : les Italiens et les Espagnols écrivent *filosofo, teatro, teologo, ateo, sofista, Cristo, cristiano, lira, martirio,* et ces vocables, pour avoir perdu leurs *h* et leurs *y*, n'en demeurent pas moins intelligibles.

Aussitôt, parmi nous, les opinions se divisent; l'un veut que la langue française, dans toute son orthographe, continue à porter la trace et la livrée de ses étymologies; d'autres proclament qu'on doit écrire comme on prononce; moi, je propose qu'un Congrès se réunisse et demande à l'Académie de hâter certaines réformes qui ont trop tardé. — «Qu'elle supprime, m'écriai-je, les *th,* les *ch* durs, les *h* muettes, initiales ou médianes, les *ph,* et voilà beaucoup de fautes épargnées aux élèves, beaucoup de peine et de redites aux maîtres. Pour commencer, je ne demande pas plus.» — Ce projet, toutefois, semble aux uns trop modéré, aux autres trop révolutionnaire encore; la discussion s'anime, je m'enroue sensiblement, mais nous restons tous bons amis et l'on s'est, pendant plus d'une heure, fortement occupé, échauffé ou distrait. A vrai dire, nous avons eu tort de ne pas ouvrir ce débat un peu plus tard. Tandis qu'il durait, nous étions dans un beau pays; quand il a cessé, nous avions déjà moins de choses à voir et un besoin plus réel de distraction.

A Meraker, dernière station de Norvège, je cherche en vain des yeux quelques Lapons, un libraire de Trondhjem m'ayant dit la veille qu'il y en a, dans le voisinage de cette frontière, campés avec leurs troupeaux de rennes. Nous dépassons Meraker, et point de Lapons! « — Ainsi, me répétais-je avec un sincère regret, nous n'en avons point vu, nous n'en verrons point! » — A Storlien, vers une heure et demie, nous entrons en Suède, et là, quelle chance! nous trouvons un vieux Lapon, maigre et assez grand, coiffé d'un bonnet pointu, habillé d'une jaquette à pans dentelés, verts et jaunes, qui vendait des cuillères en bois. Une demi-heure après, à Enafors, cinq ou six Lapons, hommes, femmes, enfants, prennent le train, montent dans un autre wagon que le nôtre et y restent une heure entière, jusqu'à la station de Hjerpen. Tous ont des bonnets coniques, quelques-uns de grandes bottes de cuir; mais, grâce à la saison, nul n'est emmitouflé ni ne porte même une fourrure. Les femmes, qui paraissent âgées de quarante ans, sont laides, un peu ridées et très petites; le nez, à la fois gros et court, tient dans leur visage une trop large place.

A mesure que nous avançons en Suède, le paysage change de caractère et cesse de sourire. Les lacs se succèdent, entourés de pins sans nombre qui revêtent le flanc de hautes collines. A chaque instant, sur des rails latéraux, nous apercevons des chariots tranche-neiges, inutiles depuis quatre mois, mais qui rappellent les difficultés du service d'hiver. Plus d'une fois aussi, nous passons sous de fortes toitures destinées à protéger la voie contre le déluge de neige que le ciel recommencera bientôt à y verser. Tout parle ici, même dans la meilleure saison, des rigueurs d'un climat terrible. Le temps, si beau quand nous avons quitté Trondhjem, se couvre de nuages; les lacs Aresjö et Lihen semblent bien tristes.

Aux stations, néanmoins, touchent d'assez grands villages, plus ramassés que ceux de la Norvège, moins étendus çà et là et comme au hasard dans la campagne. Ici, les cabanes rustiques sont plus hautes, paraissent mieux soignées: plus de mousse s'attachant aux murs comme en Norvège, plus d'herbes et de fleurs poussant sur des toits où les moutons et les chèvres peuvent venir brouter.

Dans cette partie de la Suède, les maisons, même les plus simples, sont au moins couvertes en planches, que nulle végétation ne décore ni ne dégrade. Tout prend un air utile, commode, travaillé et sévère. Ayant moins de choses à regarder, nous causons, nous citons et nous discutons les auteurs, nous jouons aux cartes; enfin, à huit heures un quart, avant la nuit, nous atteignons la petite ville d'Ostersund. A force de nuages, la pluie a fini par tomber; de la station au Grand-Hôtel, elle nous taquine, mais bientôt nous sommes à l'abri, nous avons nos chambres, nous soupons bien, et le temps qu'il fera cette nuit ou même demain ne nous importe guère; car, durant plus de quarante heures encore, nous n'aurons presque rien à voir, et l'on nous en a prévenus.

Depuis ce matin nous suivons la voie ferrée qui mène de Trondhjem à Stockholm. Les trains sont peu rapides et ne marchent pas la nuit; pour franchir ces 854 kilomètres il faut trois journées. Nous en avons parcouru aujourd'hui 268; nous ne serons qu'après-demain dans la capitale de la Suède. Heureusement, à la fin des deux premiers jours, un bon hôtel est prêt à nous recevoir.

Je dors très bien dans celui d'Ostersund, mais le lendemain matin 1er septembre, en me réveillant, je vois tomber la pluie sur un beau lac, sur des collines vertes, attristées, hélas! et, ce qui est pire, presque cachées par ces nuages et par cette eau. Quelques rares et gros flocons de neige, mêlés à la pluie, viennent toucher le sol et y fondre aussitôt; le ciel est couvert de tous côtés. Je fais seul une promenade vers le pont d'Ostersund et vais voir une pierre qui porte des runes noires, gravées sur des espèces de serpents entrelacés et bordés de rouge. Ces runes, à ce que disent les archéologues, consacrent la mémoire d'Ostmader, fils de Gudfast, apôtre de la contrée.

En revenant, je jette un coup d'œil sur la petite ville, qui compte cinq mille habitants et possède de grandes scieries. Aidée par le chemin de fer, elle travaille, gagne de l'argent; aussi a-t-elle de larges et jolies rues, bordées de maisons en bois qui paraissent très confortables.

A dix heures du matin, ce 1er septembre, nous repartons; la pluie s'obstine et enlaidit tout; les paysages, tristes et monotones, se voient si mal que l'on ne peut même plus jouir d'un certain air de grandeur qu'ils doivent conserver. De trois heures du soir à cinq heures, nous restons en panne entre les stations de Mellansjö et d'Ostavall; une avarie, survenue à la locomotive, nous retient immobiles. Le mécanicien, le chauffeur et les employés du train ont heureusement ce qu'il faut pour réparer le mal: sans bruit, sans tumulte, sans jurons, avec les instruments dont ils sont pourvus, ils remettent les choses en bon état, et vers huit heures et demie, nous sommes à Bollnaess. C'est un bourg qui ne compte pas plus de cinq cents âmes, mais sa station offre un hôtel moderne, bien éclairé, bien meublé, bien tapissé, orné d'œuvres d'art, et où de gracieuses Dalécarliennes, en corsages et jupes rouges, en bonnets noirs pointus, ouvrent de jolies chambres aux voyageurs et leur servent d'excellents repas.

Dès sept heures du matin, le 2 septembre, nous partions pour Stockholm. Encore des lacs et des marais, des forêts de pins et de bouleaux. Les collines s'abaissent peu à peu, et le paysage, toujours monotone, perd de sa grandeur; au lieu de ces beaux rochers qui, en Norvège, dressaient souvent près de nous leurs formes fantastiques, nous ne voyons plus ici que de gros cailloux à demi enfoncés dans la terre. Vers trois heures, nous n'apercevons même plus de forêts; une grande plaine verdoyante, fertile, mais peu pittoresque, s'étend devant nous. On annonce la station d'Upsal; sachant depuis mon enfance qu'il y a dans cette ville une cathédrale ancienne et une université, j'y descends seul et laisse mes compagnons poursuivre leur route vers Stockholm.

Je me loge au Stadshotellet d'Upsal, et à peine y ai-je déposé mon léger bagage dans ma chambre, que j'en ressors pour parcourir la ville. Mes premiers pas se dirigent vers la cathédrale. Construite de 1260 à 1435, et commencée par l'architecte français Étienne de Bonneuil, contemporain et sujet de saint Louis, elle est aujourd'hui l'objet d'une restauration à laquelle toute la Suède s'intéresse et prend part, comme la Norvège à celle de l'église de Trondhjem. L'œuvre réparatrice, déjà très avancée, permet de bien goûter les beautés du monument. L'extérieur est en brique rouge (sauf les clochetons blancs des contreforts); l'intérieur, en pierre blanche, semble être absolument neuf et porter ce manteau de virginité que célèbre et regrette Musset, dans le fameux prologue de *Rolla*. Deux tours égales, surmontées de flèches pareilles, rehaussent la façade principale. Au dehors, les proportions grandes et régulières, l'unité du plan, la similitude des parties qui se correspondent, satisfont à la fois l'œil et l'esprit, mais donnent un plaisir peu varié et peu progressif. En quelques minutes, tout est vu; il n'y a pas là, comme à Trondhjem, de découvertes à faire pendant deux heures. Le dedans pique davantage la curiosité et offre plus d'objets divers, mais ces objets sont bien loin d'avoir tous la même valeur. L'architecture de la nef et des chapelles est d'un gothique pur, simple et noble; les monuments funèbres, dont les chapelles sont pleines, présentent un grand intérêt pour l'histoire de la Suède: là repose, en image et en réalité, Gustave Vasa avec ses deux premières femmes; là est enseveli Jean III, son second fils, et, tout autour du chœur, les grandes familles suédoises, de Sture, Brahé, Horn, Oxenstiern, Lejonhufend et de Geer, ont leurs tombeaux. Ceux de Gustave Vasa et de Jean III, commandés, l'un dans les Pays-Bas, l'autre à Danzig, offrent de belles parties gâtées par de lourds ornements; c'est de la Renaissance encore, mais à son déclin. La cathédrale, élevée sur une petite hauteur, donne à la ville d'Upsal un air imposant; il faut la voir des bords de la rivière Fyraza: ainsi contemplée latéralement et reflétée de loin dans les eaux tranquilles, elle paraît plus belle.

Mais au-dessus de la cathédrale est posée l'Université nouvelle, construction moderne dont l'extérieur fait songer un peu au palais Farnèse, et dont les escaliers, le vestibule et certaines salles sont à la fois somptueux et de bon goût.

Enfin, plus haut que tout le reste, s'élève le château commencé par Gustave Vasa, mais très lourd, très laid et fort mal décoré par la peinture rose dont on l'a revêtu. Les étrangers font bien d'y monter néanmoins; car de la plate forme où il se dresse, on découvre la ville et la plaine, aussi loin que la vue peut porter. Autour et au bas du château, de jolis jardins publics et un cimetière ornent agréablement la colline.

Après le dîner, je parcourus la ville, qui me parut régulière et très calme, malgré les dix-huit cents étudiants qu'elle rassemble et qui forment le douzième de la population. Toute cette après-midi et cette soirée furent bonnes pour moi, la pluie ayant cessé dès mon arrivée en gare.

Le lendemain 3 septembre, elle recommença; ce qui ne m'empêcha pas de prendre une voiture et de me faire conduire à trois kilomètres, vers les *tumuli* de l'ancienne Upsal *(Gamla Upsala)*. Ces hauteurs, couvertes d'une herbe menue que les moutons aiment à brouter, sont faites de main d'homme; on les appelle *kungshoegarne* (collines du roi); elles ont plus de soixante mètres de diamètre, dix-huit de hauteur, et les trois principales ont été nommées Thor, Odin, Freya. Dans le tumulus d'Odin, ouvert en 1846, on a trouvé une urne pleine d'ossements calcinés. Tous ces tertres, et celui qu'on appelle la Tribune *(Tingshooeg)* et d'où Gustave Vasa harangua jadis le peuple, n'offrent rien de bien curieux à l'œil, mais je me serais reproché de n'avoir pas vu d'aussi anciens monuments historiques. Quant à la plaine où ils sont situés, je vous ai dit ce qu'elle est; en la parcourant il me semblait être dans les campagnes un peu plates, mais fécondes, de la Picardie ou de l'Artois.

Restait maintenant à entrer en relation avec quelque professeur de l'Université. Ayant lu la veille, sur une liste que le concierge m'avait montrée, le nom du maître de conférences, ou *lektor* Cart, qui faisait son cours en français, je voulus le voir, mais je ne le trouvai point chez lui; les vacances s'achevaient à peine, et M. Cart était encore absent. Après plusieurs allées et venues et des malentendus plus ou moins drôles, causés par mon ignorance du suédois, j'eus le bonheur d'être admis auprès du professeur Gejer qui enseigne les langues étrangères à l'Université d'Upsal. Il me fit un parfait accueil, surtout après avoir trouvé mon nom sur cette liste des membres de toutes les Universités, que les Allemands intitulent *Minerva*, et impriment, hélas! à Strasbourg. Il me montra les ouvrages de mes collègues Jullian et Bourciez, posés sur sa table de travail et constamment employés par lui, me dit-il, pour apprendre à ses disciples l'histoire et l'idiome de la France. Puis, en son nom et au nom de Mme Gejer, il m'invita à déjeuner chez lui. En attendant l'heure du repas il me conduisit au jardin botanique et dans une grande salle de cours et de réunions qui est toute voisine. Là, ayant vu la statue de Linné encore jeune, et me sentant charmé par la grâce pensive de cette œuvre, je demandai à mon hôte pourquoi on la renfermait ainsi : Ne vaudrait-il pas mieux, lui dis-je, la placer au milieu des fleurs et du jardin? — « Notre climat s'y oppose, me répondit-il; le marbre, chez nous, est bien vite fendu par la gelée; un hiver suffirait à gâter cette statue. »

Et au moment où il me parlait ainsi, la pluie tombait, opiniâtre, dans un air tiède; mon paletot me pesait lourdement sur mes épaules; dans la bibliothèque je dus le retirer.

Depuis longtemps, je désirais visiter cet établissement, où l'on garde le fameux *Codex Argenteus*, traduction des évangiles en langue gothique, faite au quatrième siècle par l'évêque Ulphilas. Sur ce parchemin rouge, ou plutôt violet, est écrit en lettres d'argent et d'or, ternies par tant d'années, mais non encore effacées ni même éteintes, le plus ancien monument de langue germanique : islandais, danois, dano-norvégien, suédois, allemand, hollandais, flamand, anglais, tous ces idiomes sont issus du gothique, et le gothique est là, dans le *Codex Argenteus!* Si ce manuscrit n'avait pas existé ou ne s'était pas conservé jusqu'à nous, la source de tous ces fleuves nous demeurerait inconnue.

Après cette émouvante visite au vieux document, M. Gejer me ramena chez lui. Le déjeuner, auquel présida Mme Gejer avec une grâce charmante et une merveilleuse connaissance de notre langue, me laissera un ineffaçable souvenir. Que je serais heureux, puisqu'ils voyagent fréquemment et qu'ils aiment la France, de les recevoir un jour à Bordeaux, et d'y apprendre quelques-unes des choses que j'ignore sur l'histoire et le caractère des races scandinaves!

Un autre professeur, dont le nom m'a échappé, fut seul invité avec moi à ce repas. Naturellement je racontai à mes trois convives le voyage que je venais de faire, mon séjour en Norvège, mon admiration pour ce pays : « Nous n'y sommes pas allés, me répondirent-ils; nous » avons vu les Alpes, mais non la Norvège; on dit, en » effet, que les montagnes y sont assez belles. » Et rien dans leur ton, dans leurs gestes, n'indiquait le désir d'y aller. Vers la fin du repas, l'autre professeur déclara que l'union, en 1814, avait été conclue sur de mauvaises bases entre les deux pays, et qu'on aurait dû simplement faire de la Norvège une province suédoise.

En vérité, ces deux peuples unis ne s'aiment pas; à quoi leur antipathie, parfaitement réciproque, aboutira-t-elle?

La question ne fut pas posée; on parla d'autre chose; ces messieurs se louèrent à moi de la moralité générale et du caractère calme de leurs étudiants : « Ici, me dirent-» ils, nous n'avons point de duels, comme dans les » universités allemandes. » J'aurais voulu rester plus longtemps avec eux, car je prenais goût à faire sur la Suède des études auxquelles je n'avais pas songé d'abord, mais le loisir me manquait; à trois heures vingt-cinq je repris le train pour Stockholm et j'y arrivai vers six heures.

L'hôtel Continental, où mes compagnons étaient logés, s'élève juste en face de la gare; au bout de cinq minutes j'avais pris possession de ma chambre et serrais la main à tous. Le chef de notre caravane, souffrant depuis quelques jours, s'était alité, soigné énergiquement durant vingt-quatre heures, et se sentait déjà beaucoup mieux lorsque je le revis. Quant aux autres, ils se déclaraient enchantés de la ville qu'ils avaient parcourue avec un guide pris à l'hôtel et vue du haut de l'ascenseur Sainte-Catherine.

Il me restait une heure et demie jusqu'au dîner : j'en profitai pour courir, Baedeker en main, vers le Norrbro, passer d'une île à l'autre sur ce pont si animé, longer le château royal jusqu'à la statue de Gustave III, repasser le pont, voir la place Gustave-Adolphe, entrer dans le jardin du Roi, tourner autour de la statue de Charles XII, et revenir à l'hôtel aussi ravi que mes compagnons. Stockholm, dans ces instants si courts, m'était apparu comme une ville à la fois vaste et charmante, posée sur des îles, des lacs, des collines, et reflétant sans cesse de mille points de sa surface, les aspects inconstants du jour ou les illuminations de la nuit.

Ce fut le dimanche 4 septembre que commença pour moi la visite attentive de cette capitale si merveilleusement située. Rien à remarquer dans la petite église catholique, assez voisine de l'hôtel Continental. Ici, comme à Christiania, cette religion semble n'être pratiquée que par très peu de personnes, et il est certain que, durant trois siècles, se déclarer catholique en Suède était s'exposer à l'exil ou à la perte des droits de citoyen. De l'église nous revenons à pied à l'hôtel; puis, à travers des rues généralement larges et régulières, en passant sur des quais, des ports, des ponts et des îles, le tramway, que nous avons pris exprès, par curiosité, pour faire le grand tour, nous amène au pied du palais royal.

Cet édifice, construit très lentement (de 1697 à 1760), est une imitation un peu lourde, mais imposante, de la Renaissance italienne. Les salles intérieures sont grandes et belles; les tableaux et les sculptures de mérite y abondent, une foule de petits objets d'art captivent l'attention; plus de mesquins ornements comme à Christiania; ici s'étalent des richesses vraiment royales, et si parfois le stuc remplace et contrefait le marbre, ce n'est pas sans répandre un vif et pur éclat qui peut d'abord tromper l'œil même d'un connaisseur. Le palais, du reste, domine la ville; aussi, des diverses fenêtres la vue se promène sur un panorama constamment varié; les îles, les ports, les lacs qui nous entourent ne se laissent pas oublier longtemps.

Le musée d'armes et de costumes, établi dans l'aile nord-est du même édifice, est très curieux; si le patriotisme suédois y considère avec complaisance la lourde et simple épée que portait Charles XII au moment de sa mort, ou le cheval empaillé de Gustave-Adolphe, l'amateur d'œuvres d'art se délecte à contempler les lames incrustées d'or et de pierreries, les splendides armures de parade, et le fusil à deux coups dont Louis XIV avait fait présent à Charles XI.

En quittant le palais royal et le musée d'armes, nous

admirons la belle rampe des Lions *(Lejonbacken)*, ainsi nommée des deux lions de bronze qui la couronnent et qui veillent devant une des portes; puis, descendant vers la statue de Gustave III, nous prenons sur ce quai un bateau à vapeur qui nous transporte, en face, au Musée national. Nous voici sur un promontoire et dans une presqu'île; à notre gauche, l'île de Skeppsholmen se présente, et de toutes parts le soleil étincelle, reflété par les eaux qui se resserrent ou qui s'étendent en creusant d'innombrables baies dans ces terres qu'elles divisent, qu'elles mordent, qu'elles découpent, qu'elles envahissent ou embrassent capricieusement. Ne fût-ce que pour jouir d'une telle vue, il vaudrait la peine de se rendre ici; mais le Musée national de Stockholm est intéressant à bien d'autres titres. Ce jour-là, nous n'en vîmes que la partie archéologique, très curieuse du reste par tout ce qu'elle révèle ou fait supposer sur la primitive histoire de la Suède. Ici encore s'étalent des inscriptions runiques, des ustensiles de pierre, des armes de bronze, un vase romain trouvé sur le continent suédois, un bouclier venu du Midi bien avant notre ère, une foule d'objets enfin qui peut-être un jour permettront de dire avec exactitude quelles portions de la Scandinavie les Grecs et les Latins ont réellement connues.

Au sortir de cette collection, qui me fit regretter une fois de plus de ne savoir ni déchiffrer les runes ni comprendre les anciens idiomes germaniques, on nous mena au grand air, près des eaux, dans les bois. Nos voitures, contournant une baie, longeant un quai, traversant un pont, nous firent parcourir le Djurgarden, parc superbe où les chênes s'élèvent droits et touffus, où les pelouses s'étendent vertes et moelleuses, et où de nombreux rochers, perçant la terre, conservent un caractère sauvage à des promenades soigneusement entretenues. Le soir, après dîner, nous revenions dans la même île, mais cette fois un bateau à vapeur nous transportait.

Sur une vaste étendue, très accidentée, mais éclairée par de grosses torches de résine, nous allâmes visiter de curieux spécimens des habitations rustiques de la Suède. Des hommes vêtus en soldats de Charles XII surveillaient la foule à l'entrée et à la sortie de cette enceinte. Là nous vîmes des Lapons, plus laids encore que ceux d'Enafors, dormant sous leurs tentes de peaux près de grands feux, sans se soucier, à ce qu'il semblait, ni des visiteurs, ni de leurs rennes enfermés près d'eux dans des palissades, à mi-hauteur d'homme. On nous montra ensuite des cabanes de paysans, d'un style plus ou moins ancien, plus ou moins riche, garnies de meubles et d'ustensiles divers, ornées d'images ou de sculptures naïves. Dans chacune de ces demeures, conformes à celles où vivent encore en Suède les gens de la campagne, une ou deux jeunes femmes, en costume rustique, représentaient les maîtresses de maison et se tenaient prêtes à nous donner des explications, que nous ne savions pas leur demander. Aucune d'elles ne parlait français, aucun de nous ne connaissait le suédois; seul, le chef de la caravane pouvait mêler quelques mots du pays à un allemand très pur que, malheureusement, les paysannes et les gens du peuple suédois ne comprennent point. Ces femmes étaient du reste fort agréables à voir : jolis corsages rouges, bonnets noirs coniques, ou coiffes blanches; teint d'une fraîcheur exquise, cheveux d'or, yeux d'azur; traits réguliers et doux, air affable et modeste; taille plus haute et expression de visage plus intelligente que chez les Norvégiennes. En les regardant, on trouvait pénible de ne pouvoir échanger un mot avec elles.

Le retour à Stockholm fut plein d'enchantements. Notre bateau à vapeur filait, rapide, sur des eaux où brillaient de longs cordons de lumière. A chaque instant, des barques flottaient près de nous; d'autres bateaux pareils aux nôtres nous croisaient ou bien traversaient notre route dans les directions les plus variées, et sans un accident, sans un retard, sans une alarme. Il y avait place pour tous, et toutes les vitesses, toutes les dimensions se rapprochaient, se mêlaient, se touchaient presque, et ne se heurtaient point. Les feux des îles, des baies, des quais, des ports entouraient d'un cadre immobile les lueurs sans nombre qui couraient sur les flots. Plus nous avancions vers le centre de la ville, plus les lumières fixes et les clartés mouvantes se multipliaient. L'eau n'était pas cependant toute resplendissante, parce que les navires et les barques, arrêtés ou en marche, projetaient toujours une ombre et noircissaient l'espace. Tous ces feux, étant attachés à de grands corps obscurs, ne parvenaient pas à vaincre la nuit.....

En face de nous, à une certaine distance, étincelait un palais d'orient, qui semblait d'or, de rubis et de saphir. Nous approchons, et dans ce féerique édifice dont l'image renversée tremble jusqu'au fond des eaux, nous reconnaissons un pavillon de café-concert, illuminé en verres jaunes, rouges et bleus. Rien de plus banal et de plus prosaïque que la chose, rien de plus merveilleux que l'effet produit. Jouissons de notre plaisir sans en chicaner la source, et disons-nous bien que le sérail de Constantinople, paré pour une fête des Mille et une Nuits et pour l'amusement des sultanes, n'offrirait pas à nos yeux une plus belle vision.

Abordant au café (puisque café il y a), nous goûtons de nouveau l'excellent punch de Suède, nous écoutons une musique agréable, sérieuse, où les instruments seuls ont part, sans que la voix éraillée d'aucune chanteuse y mêle ses notes criardes ou provocantes, et vers dix heures nous rentrons à notre hôtel. Avant de passer le Norrbro (ou Pont du Nord), nous entendons l'orchestre jouer la *Marseillaise*, que suivent de longs et chauds applaudissements. La France est très aimée en Suède, mais on s'y étonne que les conquérants de Moscou et de Sébastopol serrent aujourd'hui la main si affectueusement aux Russes. Les Tsars qui détiennent la Finlande et qui ont refoulé les Suédois dans leur presqu'île sont, à Stockholm, des ennemis héréditaires, aussi haïs et plus redoutés que les Norvégiens.

Le lendemain 5 septembre, un de mes compagnons me mène voir les parties de la ville que je n'ai pas encore visitées, par suite de mon arrêt à Upsal. En deux heures nous parcourons le port, le marché au poisson, la vieille cité que fonda en 1255 le comte ou *jarl* Birger de Bjello; et nous montons, par un ascenseur mécanique, à la haute terrasse de Sainte-Catherine *(Katherine-Hissen)*. Ce dernier nom réveille mes manies linguistiques : je songe tout bas au mot français *hisser*, qui vient de là ; au mot *gosse*, suédois également, et qui chez nous depuis quelques années désigne un enfant dont on veut rire. Le *earl* ou comte anglais dérive du *jarl* suédois ; *Derby*, *Berwick*, sont scandinaves aussi, du moins par leurs terminaisons.

Tandis que je repasse ces étymologies, assez mal à propos peut-être, nous arrivons sur la plate-forme, et d'un seul coup d'œil j'embrasse tout Stockholm et son cadre. Ah ! l'on a eu raison de me vanter cette ville, et ceux qui la croient la plus belle du monde ont quelques arguments pour soutenir leur opinion. Comme elle s'étend à l'aise sur son lac Maelar (ou Malaren) qui l'unit au cœur de la Suède et sur son lac Salé (ou *Sollsjoe*) qui la joint à la mer Baltique! Plus grande que peuplée, puisque ses habitants ne dépassent pas encore deux cent soixante mille, elle est presque partout largement percée, et d'île en île, de colline en colline, elle ondule à travers les eaux. Plusieurs de ces îles sont comme des corbeilles de verdure où les arbres dominent encore les maisons, où la nature sourit aux habitations humaines et leur fait place sans être brutalement bannie par elles. Des clochers s'élèvent, assez nombreux, joignant la terre au ciel, et montrant qu'ici, comme partout, l'homme croit, adore et veut parler à Dieu.

— Mais quelle est, demandai-je à mon compagnon, cette tour carrée qui laisse passer le jour à travers des fils ou des mailles sans nombre? Beaucoup moins haute que notre tour Eiffel, elle a, comme elle, une couleur ferrugineuse, et son tissu, pareil à un filigrane de fer, est élégant. — « Ce n'est point une tour, me dit-il, ce n'en » est que l'image. Au-dessus de l'hôtel général des télé» graphes, on a planté des poteaux et attaché les fils, » qui de tous les points du monde y aboutissent, de façon » à former cette singulière figure. » — Eh bien! repris-je, l'idée est heureuse; on peut la recommander à toutes les capitales, et notre grosse tour télégraphique de la rue de Grenelle n'a ni cette grâce ni cette originalité. Puis, regardant avec une attention nouvelle la surface variée de Stockholm : — Quel mouvement, m'écriai-je, sur ces lacs qui sont partout! Une nuée de barques à rames et de bateaux à vapeur passent continuellement d'un quartier à l'autre. D'innombrables sillons, sans cesse refermés, sans cesse rouverts, divisent ces eaux tranquilles, mais non dormantes, qui miroitent constamment et ne se soulèvent jamais. Voyez : elles s'en vont vers la mer, et en sont encore assez loin pour que l'agitation de la Baltique ne les atteigne pas ici. Là-bas vers l'ouest s'accumulent des forêts sombres ; au nord et jusque sur les quais de la ville se dressent des rochers ; et la verte traînée d'îlots qui s'étend à l'est est elle-même coupée de masses grises qui révèlent à l'œil le moins savant la présence du gneiss ou du granit. Comme les aspects du pays subsistent au milieu de tant d'œuvres accomplies par la main de l'homme !

J'exprimais à peu près ainsi mon enthousiasme, et le compagnon qui m'avait amené sur la plate-forme se félicitait de revoir aujourd'hui par un beau temps cette ville que l'avant-veille il avait contemplée sous la pluie.

On a souvent nommé Stockholm la Venise du Nord ; entre les deux cités je ne trouve qu'une ressemblance : c'est d'être bâties sur les eaux ; mais elles ne le sont pas de la même manière. Stockholm, mon cher ami, tient au continent ; aucune de ses rues n'est impraticable aux voitures ; partout les fiacres et les tramways circulent. Ce n'est pas une cité silencieuse, presque morte, où l'on ne voie jamais un cheval et rarement un chien. Le mouvement, au contraire, y est très actif, et rien ne l'entrave. Le sol de Stockholm n'est ni uniforme ni dénudé : plantés sur des parties basses ou sur des collines, les jardins publics y regorgent de fleurs, cultivées soigneusement et groupées avec un art qui double le charme de leurs éclatantes couleurs. Rien ne manque à Stockholm de ce qu'on trouve dans toutes les villes, et pour y vivre on n'est obligé de renoncer à rien. Moins étrange que Venise, et nullement empreinte de tristesse, elle est sûre de plaire à plus de personnes ; car celui qui ne l'aimerait pas n'aimerait ni le spectacle de l'activité humaine, ni l'éclat changeant des eaux, ni les beaux sites, et il est bien rare de trouver un homme à la fois insensible à tous ces attraits.

Il faut l'avouer, les arts ont plus fait pour Venise. Stockholm n'a ni Saint-Marc, ni Saint-Georges-le-Grand, ni le palais des Doges, ni tant d'édifices historiques élevés dans des périodes d'heureuse inspiration. Sa principale église *(Stora Kyrkan)*, horriblement ornée en des siècles de décadence; son temple de Riddarholmen, altéré au point de n'avoir plus de style, font triste figure auprès des merveilles que tant d'architectes ont prodiguées aux bords de l'Adriatique. Les musées de Stockholm ont cependant leur mérite; on y voit des tableaux hollandais et flamands que leur pays natal regrette d'avoir perdus, et une collection de tableaux modernes, aussi vrais, aussi expressifs que ceux que nous avons admirés à Göteborg. Les sculptures y sont plus remarquables encore. La statue d'*Endymion* est un bel antique, trouvé dans la villa d'Adrien, à Tivoli; la *Junon allaitant Hercule*, par Fogelberg, unit la pureté des formes grecques à je ne sais quelle nuance de rêverie. La *Bacchante*, de Molin, *ivre et endormie*, porte sur sa figure des traces d'hébêtement, relevées par une grâce à demi enfantine. Mais le groupe du *Duel au couteau*, modelé par le même artiste et fondu en bronze, est une des œuvres les plus vivantes, les plus fougueuses et les plus complètes qu'on puisse rêver. Quelle impétueuse fureur anime ce beau jeune homme nu qui, se précipitant de face et sans feinte sur un adversaire rusé, va recevoir dans les reins un coup mortel! Corps et âmes, tout diffère en eux, et tout accuse la double différence. L'observateur qui contemple ce groupe y fait à chaque moment une nouvelle découverte. Oui, les sculpteurs suédois Fogelberg, Molin, Sergell méritent d'être étudiés de près, et l'histoire du mouvement artistique contemporain ne devra jamais les négliger. Je conseillerai donc aux amis des arts de ne pas déprécier Stockholm, mais je leur accorderai aussi que le principal charme de la ville est dans sa situation, et qu'il faut toujours, quand on l'habite ou quand on y pense, remercier la nature qui lui prépara une si belle place et les intelligents barbares qui s'avisèrent un jour de l'y fonder.

Pour moi, j'aurais volontiers passé plusieurs heures à la regarder du haut du Katherine-Hissen; mais mon compagnon me rappela qu'il nous restait encore bien des choses à visiter. Nous voilà donc revenus à l'hôtel, et de là nous parcourons en tramway les quartiers neufs, traversons le parc de Linné, entrons à la bibliothèque, où l'on nous montre le *gigas librorum* ou géant des livres, qui a plus d'un mètre trente de hauteur, et une foule de beaux manuscrits enluminés. Plus loin, c'est une section du musée du Nord, partagée entre la marine et... le croiriez-vous jamais? la pharmacie! Ce dernier titre nous mettait en méfiance; nous craignions de voir là des objets bien vulgaires, rappelant les heures les plus ennuyeuses de la vie et les misères les plus rebutantes de la nature. Je me souviens pourtant qu'en Italie j'avais vu quelque part des bocaux, des vases à drogues que Raphaël daigna orner de peintures. Ici, la collection nous parut moins artistique; mais certains détails nous amusèrent, en évoquant devant nous de vieilles coutumes, des superstitions, des erreurs, des fantaisies nuancées d'humour et de pédantisme. Et puis, dans toutes ces galeries ethnographiques dont l'ensemble constitue le musée du Nord, on a eu soin de confier le service à des Dalécarliennes en costume national, quelques-unes jolies, toutes avenantes, et toutes suffisamment modestes et réservées. Pour plus d'un visiteur, ces jeunes gardiennes sont une curiosité et peut-être un attrait, sur lequel ont compté sans doute les fondateurs.

Mais ni les jupes rouges gracieusement portées, ni l'élégant palais des Chevaliers *(Riddarhuset)*, où siégea jusqu'en 1865 la diète de la noblesse, ni le vieux quartier de Staden, plein de ruelles escarpées et de petites boutiques, quelquefois installées dans des maisons de bois, ni la Grande-Place, qui rappelle aux gens instruits tant de drames sanglants et réels, ni le quai de granit, nommé Skeppbro, où se pressent les navires, ni la chapelle du palais, ni le Berners-Salon, jardin-concert où nous avions, l'avant-veille, passé la soirée, rien de tout cela ne devrait plus compter auprès des souvenirs que nous a laissés, ce même jour, une courte excursion à Drottningsholm (île de la Reine).

Partis, vers quatre heures et quart, en bateau à vapeur, nous voguons sur le lac Mélar, débarquons dans une île charmante, visitons le parc royal et quelques chambres du palais, richement meublées; au bout d'une heure nous nous rembarquons. Ici commence pour nous une extase inoubliable. Au-dessus de ce miroir, encadré de sombres pins, le soleil descend, dans un ciel très pur; à chaque moment le firmament change de couleur et le lac en change avec lui; l'or, le pourpre, le rose vif, le rose pâle, le jaune tendre, délicatement nuancés, accompagnent l'agonie du jour, s'étendent sur les flots paisibles et se balancent dans le sillage du bateau. Nul poète ne saurait rendre ce que nous avons vu dans ces instants; jamais le déclin du grand astre, à Grenade ou à Naples même, ne me parut plus beau, et je pensais : où donc est maintenant cette différence, tant de fois proclamée, entre le soleil du Midi et le soleil du Nord? Je vois ici des couleurs aussi variées, aussi éclatantes que dans les sierras andalouses et sur les bords de la Méditerranée; seules, les forêts de pins, au fond du tableau, attristent légèrement l'horizon. Cette mélancolie, qui a son charme, vient de la terre; mais partout le ciel, en certains jours, verse sur les eaux les mêmes splendeurs, qu'elles lui renvoient aussi fidèlement. Puissions-nous demain n'être pas moins heureux, et voir, dans les environs de Stockholm, une matinée non moins inondée de lumière, non moins pure de brume et de nuages!

Ce vœu que nous formions tous, j'en suis sûr, fut entièrement exaucé le 6 septembre. Dès huit heures du matin, nous voguions à l'est sur le lac Salé *(Soltsjoe)* qui joint, comme je l'ai dit, le Mélar à la mer. Nous laissions derrière nous la ville, étendue et dominante, entre les deux lacs; à gauche le Djurgarden que nous connaissions déjà et dont les beaux arbres ravivaient en nous de bons souvenirs; et nous passions sans cesse à côté de nouvelles îles qui, surgissant à la surface des eaux, en variaient l'aspect et les dimensions. Tantôt on se serait cru sur une rivière, tantôt sur un bras de mer plus ou moins large, creusant des golfes dans les terres environnantes. Cette diversité rappelait les fjords de Norvège, mais les hautes montagnes y faisaient défaut; en revanche la verdure, riche, quoique un peu sombre, et les rochers granitiques, faiblement élevés, recevaient en pluie d'or les rayons d'un beau soleil. Dans les golfes, sur les promontoires, on voyait des villas, généralement modestes, en nombre suffisant pour animer le paysage sans lui faire perdre tout air de solitude. Çà et là un léger drapeau, arboré au sommet d'un mât, appelait le bateau à vapeur, qui, s'approchant avec complaisance d'une petite plateforme au bord des eaux, recevait des mains d'un domestique ou d'une servante quelques lettres ou quelques paquets, et repartait après s'être arrêté une minute à peine. Ce service de poste ne nous retardait pas, puisque nous n'étions pressés d'arriver nulle part, et nous nous réjouissions que notre promenade ne fût pas inutile aux gens du pays. Vers dix heures moins un quart, nous descendîmes à Gustafsberg, dont on nous montra rapidement la manufacture de porcelaine. L'un de nous acheta le groupe du *Duel au couteau*, modelé en biscuit, et au bout de vingt minutes nous reprenions la route de Stockholm. Même aspect, mêmes verdures, à la fois riches et sombres, mais sous un soleil déjà plus blanc. On s'arrêta aussi plus souvent durant ce retour; on remporta de nombreuses caisses de bouteilles vidées par les habitants des villas; il y eut même une petite plate-forme où tout un déménagement fut opéré. Les blanches literies, la brillante batterie de cuisine s'étalèrent sans alarme au grand air et au grand jour; sous un climat capricieux comme celui de la Suède, on fait bien de mettre à profit quelques heures de sérénité.

En rentrant à Stockholm vers midi, je m'échappai, et laissai mes compagnons regagner l'hôtel. Je voulais voir ce qu'ils avaient vu sans moi le premier jour : l'église du Riddarholmen, étrangement défigurée, même au dehors, et ne conservant guère du moyen âge qu'une belle flèche gothique ouvragée qui laisse passer les rayons de soleil.

Au dedans elle est pleine d'armoiries et de tombeaux. Les chevaliers de l'ordre des Séraphins, suédois ou étrangers, ont ici leur blason peint sur les murailles; Jules Grévy, le riche président de notre République, y est représenté par un écusson d'argent plein. Quelques tombeaux, remontant au XIVe, au XVe et au XVIe siècle, peuvent encore plaire aux yeux d'un connaisseur; celui de Bernadotte, roi de Suède, n'a de remarquable que la grosseur du bloc de porphyre où il est creusé.

Après-midi, nous allâmes voir les tableaux et les sculptures dont je vous ai déjà fait l'éloge; puis chacun de nous acheta des souvenirs de Stockholm; j'emportai, pour ma part, quelques photographies et je repassai, pour la mieux voir, devant la statue en bronze de Charles XII, due à Molin. Le voilà, ce roi soldat, dans son rude costume de drap et de buffle, sans ornements, sans même un seul insigne de grade, et dans ses grandes bottes qui montent jusqu'aux cuisses. Sa tête est nue; il montre d'une main les côtes de Finlande, aujourd'hui perdues pour la Suède, de l'autre il tient sa puissante épée hors du fourreau. Au-dessus de son visage étroit et long s'élève un front haut, que le rêve illumine, et qu'un mélange de fierté et d'entêtement empêchera de se courber jamais. Quatre mortiers, engins de guerre hors d'usage maintenant, mais qu'il avait conquis en un jour de victoire, entourent sa statue.

Pleins d'admiration pour les œuvres de l'art suédois, surtout pour celles qui ont vu le jour en notre siècle, nous rentrons à l'hôtel, et nous nous préparons, non sans regret, à quitter cette ville qui, en vertu de sa situation, n'est banale presque nulle part et en mille endroits se montre si belle.

« Stockholm, disaient l'avocat et le secrétaire, c'est la merveille, c'est le point lumineux de notre voyage. » — Et le Naeröfjord, Messieurs, leur demandais-je, et le Romsdal? — « Oui, répondaient-ils, dans ces deux endroits l'œuvre de la nature toute seule nous a transportés; mais où avons-nous admiré le plus l'œuvre combinée de l'homme et de la nature? C'est à Stockholm. » Et je crois, mon cher ami, qu'ils avaient raison.

V

DE STOCKHOLM A COPENHAGUE

Afin d'étourdir un peu nos regrets, nous dînons bien, nous faisons pétiller le champagne, et nous prenons ensuite, à six heures du soir, le train qui doit nous conduire à Malmö. La plupart d'entre nous, pour un faible supplément, se procurent l'avantage de voyager en wagon-lit. Dès neuf heures, je m'endors et passe une nuit excellente; quand je me réveille, le matin du 7 septembre, vers six heures et demie, je vois des plaines immenses où la moisson s'achève et où de beaux arbres, espacés, quoique nombreux, étendent sur les guérets jaunis leurs rameaux touffus. Ce sont les champs fertiles de la Scanie, auxquels succèdent bientôt des sables, des marais salants, puis la mer baignant des côtes plates et à peine visibles. Nous atteignons Malmö, et en un quart d'heure, nous passons de la gare au bateau de Copenhague.

Il est sept heures et demie; temps calme et tiède; mer presque immobile. Sur un navire qui porte à son avant deux cents oies et quelques moutons, destinés à périr sous les couteaux danois, nous traversons le détroit du Sund, large en ce point d'environ vingt-deux kilomètres. Vers neuf heures, laissant à notre gauche plusieurs îles considérables, mais peu pittoresques, et passant au milieu de vaisseaux tout pavoisés, nous venons débarquer dans le port de Copenhague. La ville est également ornée de drapeaux pour célébrer la fête de la reine, mais ni les affaires ni le commerce ne sont suspendus. En dix minutes nous allons du port à l'hôtel du Phénix, dans la Bredgade, et ici comme partout, cinq autres minutes nous suffisent pour installer dans nos chambres respectives et nos personnes et nos légers bagages.

La première impression que Copenhague fit sur nous, malgré le beau temps et l'air de fête, fût peu favorable. La ville nous semblait trop platement assise sur un rivage trop à fleur d'eau; la mer trop éloignée du centre de la ville et encombrée d'îles qui la resserraient sans l'embellir; bref, nous trouvions qu'en venant de Stockholm ici nous étions tombés d'un peu haut. Cependant, avant le déjeuner, j'eus l'occasion de faire, sous la conduite du guide de l'hôtel, un petit tour chez quelques marchands du voisinage, et les rues me semblèrent très larges, très animées, bordées de magasins nombreux et élégants. Une grande place, qui depuis des siècles s'appelle la Place-Neuve *(Ny Torvet)* et dont un angle est orné d'un beau théâtre construit, il y a vingt ans, dans le style de la Renaissance; des canaux qui font pénétrer assez avant au sein de la ville le miroitement de la mer et le mouvement des navires, voilà ce que j'entrevis en une heure et ce qui me donna de Copenhague une meilleure idée. Je savais cette capitale plus peuplée que Stockholm; je commençai à la croire plus riche, plus commerçante, et peut-être aussi artistique, quoique infiniment moins pittoresque.

Notre première excursion en commun confirma chez moi cette opinion. Le Musée des antiquités du Nord, établi dans l'ancien palais des princes héritiers, offrit à nos regards une foule d'objets marquant les diverses époques du travail danois, depuis les siècles où tout se faisait en pierre, en os ou en coquillage, jusqu'à l'année 1660 de l'ère chrétienne.

Ici encore nous voyons des monnaies romaines trouvées en Danemark et démontrant que, sous le règne de Caracalla, les Scandinaves commerçaient avec l'empire.

Le Musée ethnographique nous parle d'autres peuples; les monnaies et médailles y abondent de même; les gravures d'Albert Dürer, données en 1521 au roi Christian II, forment aussi une collection nombreuse : il y a là pour l'archéologue, pour l'historien de l'art et de la civilisation, une inépuisable source de documents.

Ajouterai-je que certains bijoux chinois, japonais, persans, nous présentent, à nous et aux dames, juges plus compétents encore, des merveilles de richesse et de séduisante étrangeté?

En face du palais des Princes et sur l'autre rive d'un canal, s'élèvent les ruines énormes du Kristiansborg, résidence des rois de Danemark depuis 1740 jusqu'à 1884. Dans cette période il fut incendié deux fois, et après le second incendie on ne l'a point relevé. Ses débris majestueux et tristes assombrissent tout un vaste espace; mais une statue équestre de Frédéric VIII et quatre hautes statues allégoriques en bronze subsistent encore, et par la teinte obscure du métal dont elles sont faites, par la grandeur et la beauté de leurs proportions, elles frappent les visiteurs d'une admiration mélancolique.

Non loin de là, et sur la même rive du même canal régulièrement recourbé, la Bourse nous apparaît, construite de 1619 à 1640, en pierres blanches et en briques rouges, dans un style hollandais du déclin de la Renaissance, qui fait songer à la boucherie de Harlem. Sur cet édifice très long et assez bas, chargé d'ornements un peu lourds, mais captivant l'œil par le contraste de ses deux couleurs, on voit s'élever une flèche de cinquante-sept mètres, bizarre, mais amusante, et formée de quatre dragons dont les queues s'enlacent dans les airs.

De la Bourse nous nous dirigeons vers la citadelle, en traversant la place d'Amalieborg, qu'entourent quatre palais de style rococo, distincts, mais très rapprochés les uns des autres. Le Kristiansborg ayant été brûlé, comme je vous le disais tout à l'heure, les quatre palais sont devenus aujourd'hui la résidence du roi Christian IX, du prince royal et du ministre des affaires étrangères; le roi en occupe deux à lui seul. La statue équestre du milieu de la place est l'œuvre du français Saly, directeur de l'Académie danoise des Beaux-Arts de 1764 à 1771. Naturellement elle représente un Frédéric ou un Christian, puisque depuis l'année 1512 jusqu'à nos jours tous les rois de Danemark portent l'un de ces deux noms. Celui-ci est Frédéric V, peu connu chez nous, mais qui mériterait de l'être à cause du bon accueil qu'il faisait aux Français, les chargeant de cultiver ses terres et d'instruire son peuple.

Avant d'arriver à la citadelle, nous suivons une verte esplanade, ombragée de beaux arbres, puis un isthme très étroit et très allongé qui, pour cette raison, s'appelle la longue ligne *(Langelinie)*. Là, réellement, la vue est intéressante, la mer s'élargit et d'innombrables navires la sillonnent; on regrette seulement d'être trop à son niveau, de ne pas la dominer comme Stockholm domine ses lacs. Nous rentrons néanmoins à l'hôtel fort satisfaits, et commençons à trouver que Copenhague, même après Stockholm, est digne d'être vu. Mais je ne vous ai pas encore conté, mon cher ami, le grand événement de notre journée, la vraie cause de notre contentement.

Avant la Bourse, avant l'Amalieborg et la citadelle, nous avons vu le musée Thorvaldsen, qui renferme les œuvres du grand sculpteur, bien des souvenirs de sa vie et ses restes mortels. Oui, dans la cour intérieure de cet édifice, se trouve le tombeau, très simple, de Thorvaldsen. Aussi a-t-on donné aux quatre côtés qui forment l'enceinte l'air d'un mausolée étrusque ou pompéien; cette construction est lourde, et, de plus, on a le tort d'en laisser tomber le plâtre et la peinture. Mais la collection est très complète, très intéressante, jusque dans ses moindres détails. Les meubles de Thorvaldsen, ses esquisses, ses livres, les tableaux et les œuvres d'art qu'il avait achetés ou reçus en don, tout est ici, à Copenhague, dans ce musée. Rappelez-vous bien, mon cher ami, qu'il vécut à Rome de 1796 à 1819, et de 1820 à 1838; là il connut Léopold Robert, Horace Vernet, qui lui donnèrent des dessins, des peintures, très souvent signés de leurs noms. Et ces tableaux, dont le coloris et la manière ont un peu vieilli, sont très amusants, très instructifs, parce qu'ils nous montrent les mœurs d'une Rome pontificale qui aujourd'hui n'existe plus qu'à peine. Il y a là des scènes populaires, des danses transtévérines, des promenades au Corso, des fêtes de campagne, dont la trace et le souvenir achèveront bientôt de se perdre, à moins qu'on ne vienne les rechercher ici.

Mais le plus précieux trésor du musée Thorvaldsen, c'est l'œuvre immense de ce sculpteur danois, ce sont les cinq cents statues, bas-reliefs, médaillons, dont on y voit l'original ou la copie.

Jusqu'à ce mercredi 7 septembre je ne connaissais de lui, pour ma part, que le *Lion de Lucerne,* le *Tombeau de Pie VII,* et des dessins ou reproductions photographiques du fameux médaillon de *la Nuit*. Ici tout ce que Thorvaldsen a créé, ébauché, conçu, passa sous mes yeux émerveillés. Et de tous les dons que le ciel lui départit, le plus saillant, le plus inhérent à sa nature, le plus fréquemment déployé dans ses ouvrages me parut être la grâce, abondante et sans effort, comme dans les odes familières d'Horace, les idylles de Théocrite ou les pages poétiques de Fénelon. Rien de plus charmant que son *Ganymède* versant, debout, le nectar à Jupiter, ou l'offrant, agenouillé, à l'aigle farouche qui vient de déposer la foudre. Les *Petits Amours* sont adorables, soit qu'ils luttent contre un cygne, soit qu'ils cueillent les fruits du pommier en montant les uns sur les autres, soit qu'ils pressent les raisins sous leurs pieds dans la cuve, ou les répandent d'une corbeille renversée. Chez lui, ces enfants ailés volent quelquefois, échappant à la main qui voudrait les retenir; plus souvent ils ouvrent leurs bras ou se jettent dans ceux qu'on leur tend. Ils aiment à caresser, et quand une femme jeune et belle les saisit, ils lui rendent tendresse pour tendresse, et sont heureux de leur captivité. Il en est une, assise, qui sur ses genoux tient une corbeille toute pleine de ces petits dieux. Un seul s'envole, mais les autres restent volontiers; j'en vois un qui s'attache au bras de la jeune fille, un qui s'endort, les bras croisés, sur sa ceinture, deux qui s'embrassent, un autre qui caresse le chien fidèle. Presque tous restent où la Beauté les place; très peu la quittent pour chercher les aventures. La vieillesse semble, il est vrai, les éloigner; entre deux époux âgés on ne les retrouve plus; mais leur souvenir, leur influence demeure; et, comme dit La Fontaine, l'amitié conjugale sait se produire encore par des traits d'amour. *Philémon*, en chauffant au brasier domestique ses mains ridées, contemple avec une tendre gratitude sa *Baucis* vigilante et ferme qui entretient la flamme de la lampe.

Sous les ciseaux de Thorvaldsen les formes de la femme ont le plus souvent la pureté antique, quelquefois la rondeur et la plénitude germaines, très rarement l'affectation du XVIIIe siècle.

L'expression n'est jamais sacrifiée par lui au plaisir des

yeux; il ne crée pas de belles et froides figures; il nous fait lire la pensée et le sentiment à travers les contours et les attitudes. Avec quelle élégance son *Mercure*, assis, observe les progrès du sommeil chez *Argus!* Mais comme cette observation est redoutable! Comme la main gauche écarte prudemment des lèvres la flûte désormais inutile, et comme la droite, tirant déjà le glaive hors du fourreau, s'apprête à bien frapper le coup mortel! Un peu plus loin, *Jason* rapporte fièrement la toison d'or; il tient sa javeline sur l'épaule, et compte n'avoir plus d'ennemis à combattre... S'il s'en présentait un pourtant?... Le sourcil froncé du héros nous dit ce qu'il ferait alors : tout plutôt que de céder sa proie!

Voyez maintenant *Vénus* au moment où Pâris vient de lui remettre la pomme. Avec quelle complaisance songeuse elle regarde ce prix de sa beauté! Ne se demande-t-elle pas ce qu'elle en pourra faire, et sur quel point du monde elle la jettera pour rallumer la discorde?

Mais voici, dans un beau bas-relief très simple, très dégagé, très facile à comprendre, *Priam à genoux,* suppliant et portant à ses lèvres la main sanglante d'Achille, Derrière Priam viennent deux esclaves troyens, dont l'un, jeune et fort beau, s'incline légèrement et présente une urne; dont l'autre porte dans ses bras, avec un effort visible, un objet pesant destiné à payer aussi la rançon du cadavre d'Hector. Derrière Achille, un jeune guerrier, assis comme le héros lui-même, veut cacher ses larmes, tandis qu'un autre, debout et impitoyable, observe Priam avec une curiosité farouche. Plus humain, du moins en ce moment, Achille jette sur le vieillard un regard ému, où la pitié commence à éteindre la colère. Dans cette scène qui n'a que deux acteurs et quatre témoins, sans effort, sans recherche, sans violence, chacune des six figures apporte à l'effet total son contingent de beauté ou de force physique, de sentiment tendre ou haineux, et l'artiste, soucieux de la forme extérieure, se satisfait ainsi en même temps qu'il nous prouve combien il sait pénétrer et traduire les mouvements de l'âme.

Je n'insisterai pas davantage, mon cher ami, sur les chefs-d'œuvre contenus dans le musée Thorvaldsen; ma description vous fatiguerait sans vous faire rien voir, et j'en ai dit assez pour vous convaincre que l'intérêt de notre voyage s'est toujours soutenu, et que les rédacteurs de notre programme, en ne craignant pas d'y inscrire Copenhague après Stockholm, s'étaient fait une idée très juste du charme exercé sur les voyageurs par les collections d'art de la grande cité danoise.

Le lendemain 8 septembre, nous montâmes sur la tour Ronde, qui décore assez lourdement l'église de la Trinité. Construite au commencement du XVIIe siècle, elle s'élève dans un vieux quartier très central, percé de rues tortueuses que bordent de hautes maisons à toits pointus, à façades étroites, et plus anciennes peut-être (quelques-unes du moins) que l'église elle-même. Comme cette tour atteint trente-six mètres et qu'on y monte par une pente large et douce, les étrangers ne manquent pas de s'y rendre pour jeter de là un coup d'œil sur la ville. Elle paraît étendue sur une vaste surface plane, mais la mer, d'un côté, les collines boisées, de l'autre, lui font un cadre qui n'est pas ordinaire et qui promet des jouissances aux touristes. On nous montra l'église du Rédempteur *(Fresiers-Kirke)*, située dans la grande île de Kristianshavn, et reconnaissable à sa haute tour où l'on monte par un escalier extérieur, prudemment bordé d'une rampe de fer. La matinée embrumée et même pluvieuse nous déroba la vue d'une foule de détails, mais il nous fut pourtant possible de distinguer une longue ligne courbe qui sépare la ville neuve de la vieille ville. C'est l'emplacement des anciens remparts démolis, un véritable *Ring*, comme disent les Viennois, à partir duquel tout est moderne, élégant, dégagé, ouvert au soleil et à l'air.

Réservant pour l'après-midi une excursion à travers ces quartiers nouveaux, nous retournâmes admirer Thorvaldsen, non plus dans son musée, mais dans une église, que son ciseau et celui de ses élèves ont peuplée de merveilles. Cette église, Notre-Dame *(Vor Frue Kirke)*, rappelle par son nom les siècles catholiques; et jusqu'au bombardement de 1807, elle les rappelait aussi par sa structure. Les projectiles de la flotte anglaise l'ayant dévastée, on la rebâtit sur un autre modèle, emprunté à Rome, où Thorvaldsen prolongeait alors son séjour. C'est une basilique blanche, dont les arcades à plein cintre portent une galerie dans toute leur étendue; sur cette galerie s'élèvent des colonnes doriques, soutenant une corniche qui s'avance en saillie et reçoit à son tour une voûte ornée de caissons.

Durant tout le premier âge qui suivit l'édit de Constantin, le christianisme triomphant adopta ce genre, qu'il n'avait point créé, et qui maintenant ne nous semble plus le vrai genre chrétien. Nous lui préférons, et avec justice, la gravité sombre du roman et la sublime hardiesse du gothique; mais quand des artistes de goût y reviennent sans y mêler de faux ornements, il nous procure encore une sérieuse satisfaction. Or, les contemporains de Thorvaldsen, et l'architecte Hausen particulièrement, ont su reproduire, sans les dégrader, ces formes antiques qu'une autre civilisation avait enfantées.

Au dehors et sur le fronton du péristyle s'offre de loin

aux regards la *Prédication de saint Jean,* sculptée à Rome par Thorvaldsen lui-même en 1821 et 1822. Nous admirons les attitudes naturelles et variées des personnages, et nous cherchons à deviner les âmes qui devraient animer ces beaux corps de marbre. Grâce à la sobriété de la composition, au nombre relativement restreint des auditeurs, placés à droite et à gauche du Précurseur, il nous sembla les comprendre tous et pouvoir dire ce qu'ils ressentaient en l'écoutant.

Au-dessus de la porte, l'*Entrée de Jésus-Christ dans Jérusalem* charma nos yeux, mais nous donna moins à penser. Dans l'intérieur, les statues des *Apôtres* nous parurent former un bel ensemble; celle de saint Paul, à laquelle le maître a mis la main, nous plut par sa noble attitude; saint Jean, par son air inspiré; et quand nous vîmes, au seuil du sanctuaire, un ange à genoux tenir dans ses mains la vaste coquille où l'on verse l'eau baptismale, nous saluâmes avec amour le doux messager qui, tout plein de grâce, rapportait du ciel aux enfants d'Adam l'inocence perdue par leur père. Ce n'est point, pensions-nous, devant les hommes qu'il s'agenouille, mais devant la volonté miséricordieuse et divine dont il est le ministre; s'il prie, c'est avec nous, qui pouvons redevenir ses frères, et sa prière monte en même temps que la nôtre vers le même Dieu qui conserve la pureté des anges et qui consent à laver les souillures des hommes.

Derrière lui, debout au-dessus de l'autel, s'élève l'image du *Christ ressuscité.* Plus grand qu'aucun mortel, plus grand que ses apôtres, qui tous le regardent, il laisse voir son côté blessé par la lance, il étend ses mains percées par les clous, et il fixe ses yeux, légèrement baissés, sur l'ange qui vient de sa part, et sur nous que l'ange invite. Son geste est un appel d'une bonté infinie; sa figure, calme et régulière, n'exprime ni la joie ni la douleur, mais je le répète, elle est baissée ; il pense à nous, il veut nous voir venir à lui pour reconnaître la marque des douleurs rédemptrices sur ce corps désormais impassible et glorieux.

Ici vous me demanderez peut-être, mon cher ami, si dans la conviction de Thorvaldsen le Christ était vraiment ressuscité, le baptême vraiment efficace, si Thorvaldsen, en un mot, avait la foi. Je l'ignore, n'ayant pas assez étudié sa vie.

La veille, au musée, nous avions regardé longtemps la statue de l'*Espérance,* sculptée par le même maître, et qu'il préférait, assure-t-on, à ses autres œuvres. Elle nous paraissait énigmatique. «Cette jeune femme, disait » l'un de nous, vêtue et coiffée à la grecque, rappelle par » sa légère raideur les statues archaïques de l'école » d'Égine. Elle tient dans la main droite, gracieusement » tendue vers nous, une fleur de grenadier à demi éclose; » et de la main gauche elle relève un pan de sa robe » traînante pour faire un pas en avant. Mais où se dirige- » t-elle? Va-t-elle, d'un air serein et doux, la bouche » prête à sourire, mais ne souriant pas encore, affronter » un péril ou encourager une âme? Est-ce un bien péris- » sable qu'elle offre ou qu'elle espère? Est-ce au delà du » tombeau que la fleur tenue par elle achèvera d'éclore? » Je voudrais bien le savoir, mais rien ne me répond. Ce » qui est sûr, c'est qu'elle ne lève pas les yeux vers le » ciel et qu'on ne peut pas l'appeler l'Espérance chré- » tienne; la foi qui a élevé nos églises gothiques, la foi » qu'a glorifiée saint Paul n'est pas sa sœur. »

J'ajouterai maintenant, mon cher ami, que l'*Espérance* est de 1818, le *Christ ressuscité* de 1827 au plus tard. Dans l'intervalle, l'esprit de Thorvaldsen était-il devenu plus chrétien? ou le sujet seul et la destination de l'œuvre avaient-ils suffi à changer le tour de son imagination? Pareille mobilité n'est pas rare chez les artistes : le même pinceau qui nous montre la sainte Vierge, modeste et les yeux baissés, dans un jardin, fait poser devant nous la Fornarina à demi nue, la tête droite et les yeux tout grands ouverts. Peut-être Thorvaldsen et Raphaël, au fond de leur âme, n'adoraient-ils que la beauté.

Avant de quitter l'église Notre-Dame, la dernière que j'aie visitée en pays scandinave, je devrais vous dire, mon cher ami, ce que je sais du culte luthérien, tel qu'il se pratique chez ces trois peuples. Mais sur ce point mon ignorance est encore plus grande que sur les idées religieuses de Thorvaldsen. Jamais, durant un mois, je n'ai assisté, ni en Norvège, ni en Suède, ni en Danemark, à un seul office protestant. Je me rappelle toutefois avoir vu dans un palais, à Stockholm, si je ne me trompe, un tableau médiocre représentant le *Couronnement de Bernadotte*. Le nouveau roi y paraissait, assis, entouré d'évêques qui portaient comme les nôtres la chasuble et la mitre. Je reconnus alors que le conseil donné aux luthériens par Gustave Vasa de changer le moins possible les formes de l'ancien culte avait été parfaitement suivi jusqu'à nos jours dans cette église qu'a fondée et que soutient l'État.

Mais c'est assez parlé pour aujourd'hui d'art et de religion, de psychologie et d'esthétique. L'après-midi du jeudi 8 septembre se passa au grand air, sans nul souci des musées ni des églises. Nous parcourûmes d'abord les jardins de Tivoli, fort agréables et ornés d'une jolie pièce d'eau ; puis, suivant la ligne des anciens remparts, traversant le parc où s'élève la statue du physicien Œrsted, et le jardin botanique, et la promenade de l'Est, ravis par la vue de toutes ces verdures, de ces fleurs, de ces eaux et de ces grands boulevards, aussi larges et aussi bien bâtis que nos boulevards Haussmann et Malesherbes, nous arrivâmes au quai vers trois heures et demie. En quarante-cinq minutes un bateau à vapeur nous transporta sur la côte de Bellevue, nom français que toutes les nations du Nord ont adopté. Il y a partout des Bellevue et des Tivoli. La pluie, qui ce matin embrumait déjà la ville, recommença durant notre traversée ; la mer devint grise sous les nuages et se couvrit de petites vagues écumeuses. Il fallut nous réfugier au café de Bellevue et nous défendre avec du thé ou du grog bien chaud contre l'humidité qui emplissait l'air. Tout en buvant, nous regardions à travers les fenêtres écumer cette mer sombre, bornée de près par les nuages et par un vilain rideau de pluie. Mais au bout de vingt minutes l'eau du ciel cessa de tomber; et nous voici tranquilles, nous promenant à pied d'abord, puis en voiture, dans le superbe parc de Dyre-Have, qui est le bois de Boulogne de Copenhague.

Ah! les beaux arbres aux troncs droits et puissants, aux branches majestueuses, aux fronts touffus! Les hêtres surtout y abondent et couvrent une étendue considérable. Peu à peu, en voiture, nous nous éloignons de la plaine, et le terrain commence à onduler. Dans de vastes clairières paissent des cerfs et des daims habitués aux visites des promeneurs de la ville, et fort peu effrayés d'abord par nos équipages. Cependant lorsque le chef de notre caravane se fut mis à en poursuivre quelques-uns, la fuite devint générale, et rien n'était plus drôle que ce monsieur courant à toutes jambes, un bras en l'air, armé d'un parapluie menaçant, ni plus gracieux que ces animaux légers repliant leurs pieds sous leur poitrail et bondissant pour regagner leurs vertes retraites.

Nous arrivâmes bientôt au rendez-vous de chasse de l'Ermitage, qu'on ne nous laissa pas visiter; puis, revenant sur nos pas à travers des allées superbes, nous prîmes, à la station de Klampenborg, un train qui nous ramena, enchantés, dans la capitale.

Est-ce en cheminant de la gare à l'hôtel, ou dans la voiture même et au milieu des bois? je ne m'en souviens pas très exactement, mais je suis bien sûr que ce jour-là nous parlâmes politique avec notre guide danois. Il détestait l'Allemand et l'Autrichien, ces deux énormes dogues, disait-il, qui s'étaient ligués en 1864 contre un pauvre petit chat (le Danemark) pour l'étrangler. Quant au roi actuel, Christian IX, il ne lui reprochait pas bien vivement de gouverner avec la Chambre des seigneurs contre le vœu de la Chambre des députés. Ils s'est montré patriote, disait-il encore, en défendant de son mieux les droits du Danemark sur les provinces de Schleswig et de Holstein; nous lui en savons gré; nous l'aimons personnellement; nous le trouvons bon mari et bon père; il s'est allié aux familles souveraines d'Angleterre et de Russie; on ne le renversera pas. — Toute notre histoire, ajoutait-il le même jour, est pleine de guerres contre les Suédois; Niels Juel, Tordenskjold, dont vous voyez les statues, ont battu les Suédois sur mer; et Tordenskjold était un Norvégien. Notre grand poète comique Holberg l'était aussi. Nous ne demandons pas que la Norvège nous revienne; mais pourquoi l'a-t-on unie à la Suède, qui par son passé n'a rien de commun avec elle? Il faut qu'on nous rende le Schleswig et le Holstein, et que de la Suède, de la Norvège et du Danemark on fasse trois royaumes séparés.

Tout en écoutant ses propos et ses chansons (car notre brave guide entonna des chants patriotiques danois), nous revenions très contents à l'hôtel, et avec un appétit égal à notre gaieté. Après le dîner, arrosé du meilleur champagne qu'on put nous fournir, notre petite troupe se dirigea de nouveau vers Tivoli, où l'on nous avait fait espérer de la musique, et un bal populaire, et des illuminations. De la musique, il y en eut d'assez bonne, tout instrumentale du reste et sérieuse.

Mais point de bal, très peu de monde et peu de lumière : le jeudi n'était pas le grand jour en cet endroit. — « Allons au bateau de fleurs, » nous dit notre chef, en descendant le premier vers un bassin où stationnait en effet un navire qui servait de café-concert.

Là, des chanteuses en robes rouges très décolletées exécutèrent d'une voix fausse et criarde plusieurs chansonnettes en allemand et en français. A ce propos, et en rappelant de mon mieux certains souvenirs rapportés d'autres voyages, je vous apprendrai, mon cher ami, qu'à Rome dans un café-concert je n'ai pas entendu chanter d'italien, mais de l'allemand, comme ici, ou du français; à La Haye, de l'allemand, de l'anglais, du français aussi; à Cologne et à Berlin, de l'allemand; à Londres, de l'anglais. Et je tire de là une conclusion, peut-être hâtive, mais dont je ne refuse pas de contrôler l'exactitude : la Hollande, l'Italie, le Danemark, à ce qu'il me semble, n'ont point encore de littérature nationale pour cafés-concerts; la France, l'Allemagne, l'Angleterre en ont une.

Quoi qu'il en soit, cet orchestre entendu dans une demi-obscurité, puis ces balivernes cosmopolites chantées par des voix aigres autant qu'égrillardes, nous intéressèrent médiocrement, mais cela nous aida à passer les deux heures que toute personne de notre condition doit mettre entre son repas du soir et son coucher.

Le lendemain 9 septembre, dès huit heures et demie

du matin, nous nous faisons conduire au château de Rosenborg, élégamment construit en pierres blanches et en briques rouges durant les premières années du XVIIe siècle, et couronné de hauts et gracieux belvédères. Le roi n'y réside plus, même au printemps; il l'a cédé à la nation, et Rosenborg est aujourd'hui un musée qui rassemble les plus beaux bijoux, armes de luxe, costumes, uniformes, meubles, objets de fantaisie acquis ou reçus pendant ces trois derniers siècles par les rois de Danemark. Un jeune docteur qui parle plusieurs langues et qui est chargé de conserver cette collection, nous en fit les honneurs avec une grâce parfaite et nous exposa l'origine des pièces les plus intéressantes.

Que de jolies choses réunies dans ce palais! Quel éclat de pierreries, de métaux précieux, de marbre et d'ivoire, de nacre et de perles, et de bois vernissés! Quelles broderies, quelles ciselures, quel art exquis enfin appliqué à des matières si rares! Et voilà bien des documents aussi pour l'histoire de la mode... et de la civilisation, dont la mode n'est elle-même que le plus changeant reflet.

On passerait des journées entières à étudier les montres des rois de Danemark, et leurs fusils, leurs épées, leurs habits, leurs nœuds de rubans. Certains meubles à secrets, à compartiments, à étages, amusent infiniment la curiosité; parfois même ils simulent des palais ou des temples où l'œil tour à tour se promène, s'arrête ou pénètre avec un plaisir étonnant.

Ici, d'ailleurs, l'ordre chronologique est observé; chaque salle représente un règne, une époque, et nous révèle successivement le caractère, ou du moins les goûts, les habitudes de ceux qui pendant trois cents ans ont tenu le sort du peuple danois dans leurs mains. On peut y étudier aussi l'esprit de ce peuple ; car dans les monarchies, surtout absolues, ce qu'une nation produit de plus riche et de plus beau, de plus ingénieux et de plus agréable est généralement consacré à embellir l'existence du monarque. Les plus grands artistes français ont bâti les palais et tracé les jardins de nos derniers Valois et de nos premiers Bourbons. Je pense que les Christians et les Frédérics danois ont de même commandé, acquis ou reçu les plus beaux spécimens du travail de leurs sujets ; et par moments des cadeaux de souverains étrangers sont venus se mêler aux œuvres nationales. Il y a là des bijoux français, allemands, anglais, russes, italiens, comme il y a au Louvre une selle turque donnée à Napoléon Ier.

Après avoir parcouru, un peu vite, mais avec délices, les salles de ce musée des souverains, nous traversons le parc, très vert, très ombragé, pour gagner, tout près la vieille Place-Neuve *(Ny-torv)* et du canal chargé de bateaux qui s'y termine *(Ny-havn)*, la collection royale de peintures. Logée provisoirement derrière un palais, elle contient des Rubens, des Rembrandt, un Caravage, mais beaucoup plus de tableaux modernes, danois pour la plupart, et souvent très remarquables. *Samson tournant la meule*, par Bloch, et *la Poissonnière*, du même peintre, sont deux belles œuvres, l'une presque tragique, l'autre familière, mais toutes deux vivantes.

Les paysagistes Lundbye et Skovgaard excellent à représenter la nature du Nord ; malheureusement la France connaît peu leurs œuvres, et leurs noms, difficiles à prononcer pour nous, écorchent les oreilles d'un auditoire français sans évoquer chez personne un souvenir.

Contents d'avoir vu leurs tableaux, au moins une fois, nous rentrâmes à l'hôtel, où un bon déjeuner nous donna des forces pour une excursion du même genre, mais plus lointaine, vers l'autre extrémité de la ville.

Au bout d'une des charmantes avenues du Ny-Carlsberg, sur une colline peu élevée, mais chargée de verdure, la Glyptothèque, ou Musée de sculptures, reçut notre visite dans l'après-midi. Cette collection formée, possédée, ouverte au public par le riche M. Jacobsen, doit sa naissance à la passion de cet amateur pour nos statuaires français du XIXe siècle : Houdon (mort en 1828); Pradier, Rude, J.-L. Gérôme, Paul Dubois, Falguières, Chapu, Delaplanche, Barrias, Mercier, Gautherin, y triomphent, représentés par des originaux ou par d'excellentes dupliques de leurs œuvres.

Depuis 1887, M. Jacobsen a voulu rassembler aussi des antiques, et il a su en acquérir de superbes, de très variés, remontant à toutes les époques de l'art grec et de l'art romain. Ses têtes archaïques ou polychrômes, sa *Junon Pronuba,* son *Bacchus,* sa *Livie,* son *Adrien,* son *Satyre* (qu'on croit être celui de Praxitèle), méritent la plus haute attention.

La vieille Italie d'avant notre ère, Tarente, Tanagra, l'Asie-Mineure, Palmyre et l'Égypte ont aussi leur place dans ce musée qu'un seul homme a fondé pour sa patrie et où les amateurs du monde entier devraient se rendre en pèlerinage. Ils apprendraient à y connaître l'art danois dans les œuvres de Bissen, de Steen, de Jerichau. Mais quelle joie ce fut pour nous d'observer qu'à côté des beaux ouvrages grecs notre école moderne française fait si bonne figure et par le nombre et par la perfection!

Ah! nous ne l'oublierons point, cette *Alexandra,* fille du roi de Danemark, femme du prince de Galles! Sculptée par notre compatriote Chapu, elle est là, assise sur un trône, de marbre comme elle, que le temps ne pourra ni user ni réduire en poudre. Parée d'ornements presque royaux, dans toute sa majesté de princesse, et ce qui vaut mieux, dans toute sa grâce de femme, après nous avoir ravis d'admiration, elle charmera à jamais les yeux des hommes et ne connaîtra ni le déclin ni la mort.

En sortant de ces lieux consacrés à la sculpture, nous étions, comme dit Byron, éblouis, enivrés des rayons de la beauté. Le parc de Söndermarken nous reçut sous ses ombrages, et si le temps ne nous eût fait défaut, nous pouvions encore nous promener dans les allées et les îles de Fredericksberg et dans le jardin zoologique qui en dépend. Toute cette colline est couronnée de beaux arbres qui remplissent encore le vallon voisin. De la terrasse qui s'élève devant le château, transformé aujourd'hui en école militaire, la vue s'étend sur presque toute la ville; mais Copenhague nous parut toujours plus beau à voir par fragments que dans son ensemble; le souvenir du site de Stockholm nous rendait sévères pour le panorama que nous avions sous les yeux et où nous ne pouvions pas retrouver les mêmes reliefs, la même variété, les mêmes jeux de lumière.

Rentrés en ville, nous nous fîmes conduire par notre cocher dans le quartier nouveau des lacs artificiels. Trois réservoirs y reçoivent les eaux douces qui alimentent les fontaines, arrosent les jardins et pénètrent dans les maisons. Ces réservoirs sont découverts; de longs quais les bordent, quatre ponts les traversent et livrent passage au chemin de fer et aux tramways. Une circulation si animée, des espaces si larges donnent à qui les regarde une impression de grandeur; et bien que le cadre dont les eaux sont entourées soit formé de pierres blanches, alignées au cordeau, ces vastes citernes remplies ont encore le charme que des eaux pures ne sauraient jamais perdre. Elles reflètent la lumière, elles accroissent le jour, comme dit un poëte anglais; ce sont des miroirs placés sur le sol et dont le vent peut rider la mobile surface.

Ainsi, plus nous examinions cette ville de Copenhague, plus nous la trouvions belle ou intéressante. Elle ne nous avait pas pris du premier coup, et maintenant elle nous retenait; nous allions regretter d'en sortir.

Il le fallait pourtant, et vers cinq heures nous achevions nos préparatifs de départ. A cinq heures et demie nous dînions, et à sept heures dix nous montions dans le train express qui unit Copenhague à Berlin.

VI

DE COPENHAGUE A BERLIN ET A PARIS

Depuis longtemps nous redoutions cette nuit de voyage : changer quatre fois de véhicule, passer deux fois la mer, subir la visite des douaniers allemands, tout cela nous paraissait devoir être un long supplice. Mais cette fois encore nos craintes furent trompées; la nuit du 9 au 10 septembre ne nous laissa que de charmants souvenirs

Vers dix heures et demie, il est vrai, on nous réveilla; nous avions déjà quitté l'île de Seeland, traversé sur un pont la baie de *Vordingborg,* et nous étions dans la petite île de *Masnedoe.* Un bac à vapeur, plus large que long, recevait tout : voyageurs, bagages, wagons même. Oui, un ou deux wagons y avaient été poussés et y restaient sur des rails attachés au bac. Un de mes compagnons regrettait de ne pas être dans une de ces voitures, à dormir tranquillement sans se douter de rien. — Bast!

lui dis-je, la nuit est si belle que j'aime mieux ne pas dormir et la voir.

Le ciel était pur en effet, la lune dans son plein, la mer tranquille. En vingt minutes nous eûmes franchi le *Masnedsund* et débarqué à *Orchoved*, dans l'île de *Falster*. Un second train nous la fit traverser rapidement du nord au sud, et vers minuit nous étions au port de Gjedser, au bout d'une langue de terre étroite et longue, qui nous rappela la presqu'île bretonne de Quiberon.

A Gjedser nous nous embarquons sur la Baltique; nous regardons la mer et le ciel, fumons, causons, descendons prendre du thé, manger des sandwiches; puis nous remontons sur le tillac et nous nous remettons à écouter le rythme régulier de la machine, à voir le bateau marcher vite, fendre l'eau, la faire écumer, et à regarder le ciel lumineux et bleuâtre, qui transforme la mer en nappe d'argent.

Vers deux heures un quart du matin, le 10 septembre, nous arrivons au petit port prussien de *Warnemünde*, subissons la visite polie et peu rigoureuse des douaniers allemands, et reprenons définitivement nos places en wagon. Je m'y endors, ou plutôt je m'y assoupis, toujours prêt à rouvrir les yeux. Quand je les rouvre tout à fait, vers cinq heures et demie du matin, je vois passer rapidement des landes sablonneuses, puis des forêts de pins, puis une station qu'on appelle, je crois, Neu-Strelitz; c'est la capitale d'un des Mecklembourgs. Enfin, à sept heures dix, nous atteignons Berlin, je devrais dire plutôt que nous sommes dans cette ville, et au beau milieu; car Berlin a, comme Londres, le grand avantage de pouvoir, par ses gares successives de chemins de fer, amener les voyageurs jusque dans son centre.

Nous descendons à la gare de Friedrichstrasse; mes

compagnons se rendent immédiatement au nouvel hôtel Nürnberger-Hof, situé dans cette rue; au lieu de les suivre, je leur laisse mon petit bagage, monte dans une autre voiture, prends une autre direction et voici pourquoi :

L'avocat dont je vous ai parlé et dont les récits, les mots spirituels, les réminiscences littéraires avaient animé tout notre voyage, toutes nos réunions, se voyait rappelé en France, par des obligations de famille, plus précipitamment qu'il n'y avait compté d'abord. Touriste passionné, il souffrait vivement de passer à Berlin sans y séjourner. « Je pourrais bien, me disait-il en wagon, retarder mon départ jusqu'à onze heures et demie; mais ne connaissant pas Berlin, je ne saurais ni ce qu'il faut voir, ni où il faut aller. » — « Eh bien, lui répondis-je, » moi qui suis déjà venu une fois dans cette ville, je m'engage à vous la faire voir superficiellement en deux heures ; » je vous en montrerai du moins les plus belles façades. » L'offre est acceptée, et nous voilà tous deux ensemble dans la même voiture, mais séparés du reste de la troupe.

Vous savez, cher ami, que tout le beau Berlin est ramassé dans un assez petit espace; il me fut donc facile, par une matinée superbe, de montrer à mon compagnon l'extérieur du château royal, des musées ancien et nouveau, de ce lourd pastiche rouge du moyen âge qui est l'Hôtel de Ville, de la Bourse, de la Cathédrale, de Sainte-Hedvige, de l'Université, de la Bibliothèque, de l'Arsenal, hélas! trop plein de nos dépouilles et de nos défaites; puis la belle statue du Grand Électeur, les ponts sur la Sprée, le palais où est mort Guillaume Ier, et celui qu'habita son fils avant d'être empereur, et le monument admirable de Frédéric II, et la place de Leipzig et celle des Gendarmes; la Wilhelmstrasse où demeure Caprivi, et l'avenue des Tilleuls, si inférieure aux Champs-Élysées; et la place de Paris, où est notre ambassade; et l'odieuse colonne de la Victoire; et les allées ombreuses. les parterres fleuris, les fraîches et vertes îles du Thiergarten. Nous arrivâmes même jusqu'à la grille de l'élégant château de Charlottenburg. Vers onze heures nous étions rentrés à l'hôtel; mon compagnon déjeunait vite avec moi, et repartait à onze heures et demie pour la France.

Durant toute cette journée du 10 septembre je suivis peu notre caravane; connaissant Berlin, je préférai m'occuper de mes affaires, c'est-à-dire réparer par des emplettes diverses le désordre et les insuffisances de ma toilette.

Quittant la chemise de laine et la redingote négligée, j'allai en chemise blanche, gilet ouvert et redingote à revers de satin, assister, comme mes compagnons, à la représentation du Grand-Opéra.

On jouait les *Maîtres-Chanteurs,* de Wagner. Notre musicien trouva l'exécution convenable, l'orchestre excellent, mais la voix du ténor un peu faible pour certains passages. Le premier acte nous plut; le morceau de concours chanté par Walter nous parut imprégné d'une délicieuse poésie. Au second acte, la sérénade comique, interrompue par les coups de marteau du cordonnier, nous amusa fort; nous n'aurions pas cru que ce vieux lion de Wagner pût sourire et même s'égayer ainsi. Mais le dernier acte (au point de vue dramatique) nous sembla à tous traînant et mal composé.

Le rideau s'était levé, suivant l'usage allemand, dès six heures et demie; j'espérais que la pièce finirait à dix heures; mais elle se prolongea jusqu'à onze heures un quart. Nous sortîmes fatigués, et ceux d'entre nous qui ne connaissaient pas encore Wagner furent peu satisfaits.

Quant à moi, je déclarai ne pouvoir oublier ce que j'avais entendu de Wagner à Vienne et à Bordeaux. Les autres œuvres de cet homme, ajoutai-je, ont désormais le droit de m'ennuyer sans que je lui en veuille; le génie qui a créé *Tannhaüser* et *Lohengrin* m'est à jamais cher et sacré.

Du reste, en rentrant à l'hôtel, nous soupâmes gaiement, et notre fatigue nous pesa si peu que nous n'étions pas au lit à minuit trois quarts.

Berlin et ses environs ne nous ont guère retenus; nous ne leur avons accordé que trois jours, le 10, le 11 et le 12 septembre. Mais là encore ce voyage me fut heureux; j'eus la chance d'y voir du nouveau, par exemple la fontaine érigée devant le château royal et qui n'était pas terminée l'année précédente. Ces colosses de bronze, figurant des divinités, sont animés d'une vie fougueuse, presque effrayante; je suis très content de les connaître.

A Potsdam, en octobre 1891, je n'avais pas vu les appartements de Voltaire, malicieusement ornés par ordre de Frédéric; cette fois j'y suis entré avec mes compagnons, et j'ai trouvé amusants tous ces perroquets, ces singes, ces cigognes, aux puissants reliefs, aux vives couleurs. A la même date, le nouveau palais de Potsdam étant occupé par Guillaume II, on ne m'avait pas permis d'en approcher et j'avais dû rester à cinq cents pas derrière un rideau d'arbres qui me le cachait. Cette fois, j'en ai vu l'extérieur, très élégant, très réussi, selon moi, dans le genre Pompadour et rococo.

Enfin on nous a montré le tombeau de l'empereur Frédéric III, qui régna trois mois seulement. C'est une très belle œuvre, très récente, en un style romano-byzantin qu'a sans doute inspiré l'église d'Aix-la-Chapelle, où reposent encore les ossements de Charlemagne. A Potsdam, sous une vaste et brillante coupole qui pourrait abriter bien des tombeaux pareils, la statue de Frédéric III, tout en marbre blanc, est couchée majestueusement sur un socle de même matière. Le manteau d'hermine, l'uniforme, la grande barbe du souverain, mort dans la force de l'âge, ses traits mâles, accentués, mais non sans douceur, donnent l'idée d'un sage et d'un vaillant. Le talent de l'artiste, qui, je crois, est Bégas, a été heureusement secondé par la beauté physique de son modèle.

Quand il fallut partir de Berlin, le 12 septembre à neuf heures trente du soir, notre nombre était diminué. L'avocat nous avait quittés, comme je l'ai dit, pour rentrer en France deux jours plus tôt; le riche industriel et sa fille s'étaient également séparés de nous, mais en se dirigeant vers Leipzig. Il ne restait plus ensemble, parmi les voyageurs partis le 7 août, que la dame veuve et sa demoiselle de compagnie, le musicien, le secrétaire, le chef de la caravane et moi. En revanche, un autre avocat français, mécontent d'une autre Société de voyages, s'était joint à nous depuis Stockholm. Ainsi nous allions rentrer sept au lieu de neuf, mais on savait où étaient les absents; *Voymiques* pouvait en rendre bon compte, comme dit Corneille, et l'excursion n'avait été attristée par aucun malheur.

La nuit du 12 au 13 fut un peu fatigante dans le train express qui nous ramenait vers la France. Le 13, à huit heures du matin, nous revîmes les deux flèches de Cologne. On traversa ensuite l'est de la Belgique, Verviers, Liège, et vers trois heures on toucha la frontière française. Comment allions-nous y être accueillis, nous qui revenions de l'Allemagne, pays contaminé par le choléra, et du Danemark, territoire suspect? S'aviserait-on de désinfecter nos personnes, de nous faire respirer du chlore, suer, tousser, cracher, étouffer presque? Le secrétaire se rappela qu'au retour d'un autre voyage on l'avait jadis ainsi traité. Nous commencions à craindre, mais cette fois encore notre crainte fut une illusion. A Jeumont, première station française, deux médecins nous interrogèrent très courtoisement : « D'où venez-vous? Par où avez-vous passé? Êtes-vous malades? Avez-vous éprouvé récemment des troubles digestifs? » Satisfaits de nos réponses, ils délivrèrent à chacun de nous un certificat de santé, et firent désinfecter, dans une sorte de grande chaudière, tout le linge sale que contenaient nos bagages. Pendant ce temps nous nous promenions à l'air pur et nous attendions.

Au bout d'une demi-heure, l'opération était terminée, le linge rendu, nous remontions dans le train en nous serrant la main et en nous faisant nos adieux; car nous n'étions pas sûrs, quand nous arriverions à Paris, de pouvoir nous retrouver au milieu de la foule. A sept heures un quart, sous les dernières lueurs d'un beau jour, nous rentrâmes dans la gare du Nord, et chacun de nous regagna sa demeure au sein de ce grand Paris, où ceux qui se connaissent le mieux peuvent rester des années entières sans se rencontrer.

L'excursion en Norvège, Suède et Danemark était accomplie; la Société des Voyages économiques avait fidèlement tenu toutes ses promesses, et je revenais, pour ma part, très satisfait, riche de beaux et heureux souvenirs, et parmi mes compagnons, je l'espère, comptant déjà quelques nouveaux amis.

Imp. G. Goupouilhou.

www.ingramcontent.com/pod-product-compliance
Ingram Content Group UK Ltd.
Pitfield, Milton Keynes, MK11 3LW, UK
UKHW021108220726
13924UKWH00004B/1582

9 782019 933609